神崎 敏彦
Kanzaki Toshihiko

EMPLOY ABILITY

エンプロイアビリティー

—人生100年時代の雇用に値する力の身に付け方—

風詠社

はじめに

ロンドン・ビジネス・スクールのリンダ・グラットン教授の書著『ライフシフト（Life Shift） 100年時代の人生戦略』が2016年に発刊されて以降、多くの人々が改めて自分の残された人生時間について考えたことでしょう。これまでも人生二毛作とか、定年後に自由に使える時間は実は意外に多い等、折に触れて人生の長さを象徴する言葉と出会ってきました。しかしグラットン教授の著書ほど科学的に、そして万人に当てはまる形で人生の長さを的確に示した書籍は無かったように思います。私自身2017年の正月休みに、この本を読み始めた瞬間、ワクワクする気持ちを抑えることができず、一気に読み通してしまいました。例えば「2008年に生まれた日本人の赤ちゃんは二人に一人の割合で100年以上生きる」とか「そのように長くなった人生を従来の考えに基づく単一のキャリアで乗り切ることは困難」といった正に目からうろこが落ちるような衝撃を私に与えてくれました。

この本は日本社会にも大きな一石を投じたようで、現在では日本のいたるところで「人生100年時代」という枕詞をつけた書籍や催し物が大盛況です。政府の諮問会議にもその枕詞を冠し、当のグラットン教授を委員長に迎えるものが登場しました。そこで、という訳ではないのですが、私もこれまでの知見並びに自身の経験から、人生100年といわれる時代にあって働く私たちは仕事とどう向かい合うべきなのかという観点から、考えをまとめてみたいと思うようになりました。

私自身、ビジネスキャリアの中では人事部門の領域が長く、かつ自身でも現在の会社が10社目という「豊富な」経験を持っています。足掛け8年に亘る欧州駐在も経験し、かの地の人々の仕事に対する考え方と私たち日本人のそれの違いも分かっているつもりです。お陰で欧州駐在後の40歳の時に、英国レスター大学大学院で勉強をしようと決意でき、文字通り英語と格闘しながら、そして心強い同期生に助けられながらMBAコースを修了することができました。MBAの学位が重要なのではなく、勉強する過程で物事の考え方を習得できたことが、その後の人生に大きく寄与しました。おそらくこの学びなおしが無ければ私は洋行帰りを鼻にかけた使えない中年になっていたと思います。レスターで人事領域（Employee Relations）を専攻した私は、その後キャリアデベロップメントアドバイザー、産業カウンセラー、コーチング、メンタルヘルスと、働く人のモチベーションと組織行動に関する勉強を続けました。挙句の果ては得度し、人間というものをより深く見つめるようにもなりました。そしてこれらはすべて現在の本業である企業人事の仕事に役立っています。

これまで以上に仕事と長く付き合わなくてはならなくなる時代にあって、その時間を無駄にしないためにも継続的な学習は欠かせません。それは何も大学院で学ぶだけが答えではありません。が、しかし「企業内のＯＪＴ」といった一言で済まされるほど生半可なものでもないはずです。生きている限り学び、それを仕事に活かす。そう考えると人生１００年でものんびりしていてはやり残しが出そうです。

ところが、寿命が延びることがこれまで通りおめでたいことだけでは無い、と考える人も出てきました。つまり生きていくにはお金がかかる。少子高齢化で、未来に付けを先送りする現在の年金制度に対する危惧や国の１０００兆円を超す財政赤字など、私たちを取り巻く環境の中でお金にまつわる心配事が急増しています。書店に行けば「老後の生活資金云々」とか「老後破産をしないために云々」といった本が所狭しと並んでいます。そしてそれらの本には共通して「利殖も大切だが、これまで以上に働く期間を長くして、自分でお金を稼ぐことが重要」という助言が記載されています。これらの本はお金の話題を中心にしていますので当然と言えば当然なのですが、「では、どうやって稼ぐのか」ということに答えを出しているものは多くありません。「働けば良いではないか」と言われそうですが、その働く場所が現在大きく変わってきているのです。ご存知のようにＡＩやロボット、自動車の自動運転などが本格的に活躍する時代が目前に迫っています。

例えば、年配のタクシーの運転手さんに「老後資金が心配ならば、あと20年間運転手さんを続けていけば良いのですよ」という助言が本当に的を射ているでしょうか。その助言を信じて今までと同じ内容の仕事を続けた運転手さんに20年後も同じ仕事が回ってくるでしょうか。

厳しい言い方ですが、誰かをある地点から他の地点に運ぶだけのサービス業はおそらく無くなると思います。そこには何かの付加価値、例えば観光タクシーとなって外国の方に日本の文化や歴史を生の声（日本語ではだめでしょう）で伝える、プログラミングしたルートではなく、利用者がその日の気分で行きたいところを変更したり、ガイドの内容によって急に行きたいと言い出したところへもお連れする、といったサービスはどうでしょうか。そのためにはやはり相応の準備が不可欠です。

私は本書で、変わりゆく労働の場で如何にすれば継続的に仕事をし続けることができる人でいられるのか、を著したいと思います。そしてそのキーワードをエンプロイアビリティー（EMPLOYABILITY）としました。これはEMPLOY（雇用）とABILITY（能力）の造語です。１９８０年代に米国で生まれた経営学上の用語で「企業が社員を雇用する際に、その社員候補者が持っている雇用に値する能力のこと」と定義されています。言葉を代えれば「社員でいることができる能力（市場価値）」ということができます。この能力を身に付け向上させることが、更に長くなった人生を精神的にも金銭的にも豊かに生きる鍵になると考えたのです。但し、ここで社員というのは何も企業に雇用されている人たちだけを指しているのではありません。働いてお金を稼ぐ人全てを包含しています。オーナー社長、自営業者（例えばラーメン屋さん、プロスポーツ選手、芸能人等々）、パートタイマー等も含んでいます。

「稼ぐ力」を身に付けなさい、と助言するだけでは具体的な方法を知らない人々は困ってしまいます。稼ぐ力を付けることが重要だと分かったけれど、実際にはどうすればよいのかを本書では解き明かしたいと思います。予めお断りしておきますが、文中には随分高飛車なそして一見傲慢ともとれるような表現があります。もしかすると「それ程言うならば、お前は100点満点できているのか！」とお叱りを受けるかもしれません。決して私が万能とは思っていませんし、もしそうならば私は今頃大手企業の経営者になっていることでしょう。「人は無能になるまで昇進する」というマーフィーの法則があります。私が部長職に初めて就いたのは40歳の時、今から18年以上も前です。それ以来会社は変われども私の職位は同じです。

自分で言うのもおこがましいですが、私はある時から自分のキャリアを縦に展開することを止め、人事のプロとして横に展げてきました。時々に自分なりにテーマを決めて勉強し、その内容を実務に使ってきたお陰で他人様が驚かれるように50歳を過ぎて5社も転々とできたのです。

エンプロイアビリティーの磨き方に唯一無二のものはありません。人それぞれ自分の特徴を活かして開発していけば良いと思います。但し、一朝一夕にエンプロイアビリティーを向上させることはできません。地道にコツコツ、そして時代の要請に応えたものでなくてはなりません。いくら科学技術が発達しても、例え人間の喜怒哀楽を代替するような技術が登場しても、「お客様の声援が背中を押してくれて、いつも以上に良い演技ができました」と言えるモチベーション構造を持つ人間や「私が頑張ってくることができたのも、いつも陰ながら応援してくれる人々がいるからです」と感謝の心を持つことができる人間を凌駕するような技術が出てくることがあるでしょうか。仮に出現したとしても、今日ここで動機づけできたり感謝できる人間であれば、そのような技術が同じ次元に来た時には、更に進化した人間になっていることでしょう。

第1章では、現在の世の中の動きと、それに殆ど対応することができていない日本の企業並びに企業人への警鐘を鳴らしています。どこがどのように不足しているのか、日本視点だけでは見落としがちな事柄を私の海外駐在時代の経験も踏まえて記述しました。

第2章では、「とにかく簡単に採用面接に合格する方法」を知りたい方を想定して記述しました。但し、これは飽くまでも対症療法です。風邪薬を飲んで病気が快復したのと同じで、決して風邪を引かない強い体になった訳ではありません。この点を忘れないで、是非次の章を読み進めて欲しいと思います。

第3章では、本書の主題であるエンプロイアビリティーを中長期的に習得するにはどうすればよいのか、私の考えを述べました。何れも簡単なものではありませんが、千里の道も一歩からと言います。どれか一つの項目を毎日継続することだけでも貴方の雇用される能力は格段に向上すると確信しています。

第4章では、エンプロイアビリティーを高めることは自分のためだけではなく、世の中に貢献することであると説きました。加えて、一人ひとりの努力を支援する人たちとしてキャリアコンサルタントへの期待も記しています。

尚、文中では、企業人、労働者、職業人、社員、働く人或いは人など、本書で対象にしたい方々を複数の名称で著しています。文章の流れの中で呼称が変わっていることをご容赦下さい。

多くの普通の方、特に私と同世代の方は「何を言うのだ。今更始めたって、どうなるものでもない」と思われるかもしれません。しかし、１００歳まで生きる確率がこれほど高くなっているのに、60歳前後であきらめてしまったら、その後の約40年をどうやって生きていくのでしょうか。金銭だけの問題ではありません。ただ単に息をして、毎日の食事をするだけで良いのですか。貴方が生まれ、そして生きてきた価値を、そんなに早く終わらせてはならないと思います。

一方で若者には「若さはそれだけで価値がある」と伝えたいと思います。今からなら、何でも出来ます。出来ないのは、貴方がそう信じ込んでいるからに過ぎません。これまで生きてきた僅かの間に多方面から圧迫が加わって、貴方の柔らかさが一時的に忘れられているだけです。

貴方より小さな幼稚園児や小学生を見てください。花や虫に感嘆の声を挙げ、友達と一緒に走っているだけでニコニコしています。この姿は少し前の貴方自身なのです。

ビジネスブレイクスルー株式会社社長の大前研一先生は、「『20世紀の経営資源は、人、物、金』しかし21世紀のそれは『人、人、人』」と言われています。その「人」になるために貴方らしく生きるために、そして稼ぐ力を身に付けられるよう、さあ出航しようではありませんか。

目次

第2章　採用面接必勝法……53

第1章
働く人の危機が近づいている

人間の寿命は100年、会社の寿命は30年

　1984年に日経ビジネス誌が「会社の寿命は30年」という調査結果を発表し、世の中に大きな衝撃を与えました。第二次世界大戦前から「黒いダイヤ」といわれ隆盛を誇った石炭産業、日本の殖産興業の代表である繊維産業などには、当時最高の学業成績を収めた人材が意気揚々と入社していきました。戦後になると鉄鋼業や化学工業といった業界が花形となりました。そして造船、自動車、現代であればIT系でしょう。どの業界も黎明期、隆盛期、衰退期を迎えるということは経済学の雁行理論でも示されています。こうして時代により社会の変化により盛んになる業界は変わっていきます。

「そんなことは当然だ」と言われるかもしれません。では、あなたが現在の会社に入ってからあなたの仕事はどれほど変わったでしょうか（異動による職種の変化は除く）。あなたの会社の取扱商品、或いはサービスの構成比率はどれほど変わったかを調べてみてください。記録の方法も手書きから、ワードプロセッサそしてパソコンへと大きく変化しており、私が最初に入社した従業員数3000人を超え、海外取引が売り上げの90％以上という企業でも、なんと海外に発信できるファクシミリ機が全社に3台しかありませんでした。このような激変の中で、なぜあなたの会社の取扱商品が従前と同じであり、あなたの担当している仕事の内容が入社以

来殆ど変わらずにいることが出来るでしょうか。企業という組織の壁によって外部の変化から遮断され、変化に対応できないままに徐々に死を迎える「茹でがえる」状態になってはいないか、今一度ご自身で振り返って欲しいと思います。

約40年前には「会社の寿命は30年」だったかもしれません。しかし現在の世の中の変化や科学技術の進歩は、当時と比べものにならないほど速くなっています。ならば、企業名や企業の入っている建物は変わらなくても、企業活動の内容はそれらの変化に対応すべく刻々と変化、そして進化しなくては生き延びることは非常に困難です。例えば東レは元々繊維会社ですが、今や航空機や宇宙ロケット用の新素材企業として発足当時とは全く異なった会社になっています。このような大変化をしない限り企業が何十年、或いは１００年と存続することはできない社会になっているという考えに異論がある方は殆どいないと思います。

企業の進化を実現できるのは、そこで働く「人」に他なりません。ここで注意して頂きたいことは「企業の中でまじめに働いていれば、その変化に対応できる」と考えてはいけないということです。変化を起こすのは「人」であり、企業ではありません。そこに働く人々が、そこで引き続き働きたいと思うならば、自ら変化を起こすことが必要であり、もしそれができなければ、企業にとっては必要な「人」とは言えなくなります。変化を起こすには自分自身が変わらなくてはなりません。決して人格的に別人になれというのではありません。新しい世の中、爆発する技術革新に乗り遅れないよう自分自身の知識やスキルを飛躍的に高めることが必要なのです。もはや20歳前後に学校で習った知識だけで人生を全うすることができないことを肝に銘じなくてはならない時代となったのです。

日本人のライフスタイル

現在では企業の寿命は30年どころか10年も存続すれば立派と言われる時代です。事実、新規に設立される企業の90%は設立後1年以内に倒産しているというデータもあります。一方で人間の寿命は年々延び、１００歳を目指すようになっています。当然20歳前後から60歳、或いは65歳くらいまで働いて後は悠々自適という従来の考え方では生活が成り立たなくなっていきます。何しろ現在の年金制度は平均寿命が男性が65歳、女性が70歳の時に作られたものであり、当時は56歳で定年となって年金支給まで食いつなげば豊かで安心なリタイア生活が可能でした。

しかし、平均寿命が85歳を超えた現在、65歳でリタイアしていては、その後20年間の生活設計が立ち行くか不安が残ります。ましてや公的年金の財政状況が厳しくなり年金支給開始年齢が65歳から引き上げられる検討が始まり、かつ健康寿命（元気に生活できる期間）と実際の寿命との間に10年近くの差が生じると、その間の介護費用なども一部は自身で用意せざるを得ないのが実情でしょう。

本来ならば寿命が延びることは喜ばしいことですが、反面生活を支える収入という面から考えると不安が募ります。これまでのように学校を卒業して最初に入った会社で精勤を続け定年まで働くことができれば良いですが、何分企業の平均寿命はもはや10年以下なのです。定年まで一つの会社で勤め上げることができる人は稀有の存在となるでしょう。いくらその会社で継続して勤務したいと思っても、会社そのものが世の中の変化に伴って無くなったり、また新たな産業に換わったりします。丁度ヤドカリが成長と共に貝殻を換えていくように、私たちも成長と共に勤務先を換えていくという発想が否応なく求められる時代になっていくことでしょう。

好むと好まざるとに関わらず、今後は従来以上に転職ということが、ごく普通になる世の中になるでしょう。米国では予てより、1人が生涯に平均して5回の転職を経験すると言われています。日本では5回も転職すると、寧ろ転職者に問題があるのではないかと訝しく思われそうですが、一つの企業に10年間、そして20歳から70歳まで働くとすれば丁度5～6社を経験することになります。日本でもそんな時代がもうすぐそこまでやってきています。

勿論、働くということは収入を得るためだけのものではありません。社会とのつながりを継続させることは社会的動物と言われる人間にとって精神的な安定を保つ上で極めて重要ですし、「働く＝傍楽（はたらく）」のように、隣の人を楽にしてあげたいという人間本来の貢献意欲、相互扶助の気持ちを表す重要な手段でもあります。若いうちに我武者羅に働いて一攫千金を当て、50歳前後でリタイアして、その後は優雅な生活をするということを目指す人が多い国もありますが、おそらく日本人は、引き続き少しでも長く働いて、社会とつながりながら収入を得ていくというスタイルを当分は変えることがないように思います。

転職する理由

昨今、日本でも転職をする人が増えています。その理由は主に、（1）何らかの理由で現在の勤務先に居続けることができないケース、或いは（2）自発的なケースに二分されます。今後は更に企業が生き残りのために優秀な人を求めた（ヘッドハンティング）結果の転職がより多くなるでしょう。ましてや今は科学技術の進歩による産業の変わり目であり、かつ少子高齢化が現実のものとなり将来に大きな危惧を予見させています。企業としては優秀な人を囲い込むことに躍起になって当然でしょう。それに感化されて、今まで転職を考えなかった人でも転職に興味関心をもち、実際に転職してしまう傾向にあります。リクルート社やパーソルキャリア社（旧インテリジェンス社）といった人材サービス会社の業績を見れば転職市場の活況は一目瞭然です。

現在の転職理由を上位から挙げてみると、（１）キャリアアップ（２）収入アップ（３）自分のやりたい仕事に就くため（４）現在の会社の業績に不安（５）人間関係改善　といったようになります。転職する人からみると、会社を変わればこれらの要望が新しい職場で満たされると期待するのは当然でしょう。一方で受け入れる企業からすれば、この人物が入社してくれれば（A）当社の営業力や技術力向上に寄与してくれる（B）当社の売り上げ増加に寄与してくれると期待するのも当然です。この両者の思惑が一致するからWin Win（双方得）となり転職が成立します。ところが転職は成立して終わり、ではありません。成立したところからが始まりです。特に転職する人は、この点を忘れてはいけないと思います。

先に挙げた転職理由の（１）～（５）までをもう一度見直してください。これらは何れも転職先の会社が与えてくれるもの、と考えていないでしょうか。新しい会社の中で普通に生活していけば、力も付くし収入もこれまでより高いし、と考えているようでは何れまた同じ不満に直面することになりがちです。何故ならば、（１）～（５）の理由を解消するためには自ら行動し、能動的に自分の人生を切り拓いていくという姿勢が欠かせないからです。つまり、転職先の企業の業績を、少しでも向上させるために行動し、その行動をより効率的にするために自ら学習する姿勢を貫くことでこそ、自身の希望する状況を手に入れることができるのです。企業におんぶにだっこされながら安穏に暮らしていこうという姿勢を見せ続けると、今度は企業から三下り半を突き付けられることになりかねません。

この点は非常に重要なので繰り返し指摘しますが、自らの人生、働き手としてのポジションを確保したいならば、企業が雇用し続けたいと思えるような力（エンプロイアビリティー＝EMPLOYABILITY）を自ら習得する行動を継続する必要があります。そしてこの力のレベルは自分が決めるのではなく、企業や世の中が決めるということも重要な点です。つまり、自分はこれだけ勉強努力しているから当然雇用され続けるべきだといくら思っていても、あなたがもたらす利益が雇用する費用に比べ十二分に高くなければ雇用の継続はできません。それが資本主義です。それでは私の生活が成り立たない、と考える人もいるでしょうが、企業としては「あなたのように持ち出しの多い人だけを雇用していたのでは、企業が成り立たない」と言わざるを得ないのです。

エンプロイアビリティーとは何か

エンプロイアビリティー（雇用に値する力）を高めましょうというと、昨今の売り手市場の環境下では「そんな、面倒くさいことを考えなくても、今や40代、50代の中高年でも引く手あ

また だ」という反論が返ってきそうです。確かに今は空前絶後の売り手市場で求人倍率も26年ぶりに１・５倍を超えています。実際に日々採用活動に携わっている私も、今日ほど採用が困難な時期を知りません。有名大企業でも採用人数は充足していないという情報もありますし、ましてや中小企業は事業存亡の危機に瀕しているといっても過言ではありません。世の中には人があふれているのに何故人材紹介企業からも、高い費用をかけて掲載した人材募集広告にも採用候補者からの反応が思ったほどないのでしょうか。

そう考えて、よくよく弊社の採用プロセス記録データを見直すと、実は応募数は結構あることが分かりました。２か月ほど前に掲載した採用広告には１００人以上の応募がありましたし、人材紹介会社からも過去ふた月で10人の紹介があったのです。しかし残念なことに、その中から採用できたのは１人だけなのです。要は「人はいるけれど、当方の期待値に見合う人が少ない」のです。これは単にミスマッチという言葉では簡単には片づけられないことです。

例えば、法人営業職に経験者として応募してきた30代半ばの方が、売り上げ目標金額を達成するために、毎月どのような営業行動計画を作って、どのような営業活動をするのか、半月その計画を実行してみて予定通りの実績が出ない場合、どのようにして修正計画を作成するのか、ということを明確に自信を持って回答してくれないと採用する側は食指が動きません。

「何度も顧客のもとに伺って、どんなに小さな要望でも迅速に対応します」という回答だけでは評価どころか面接者にマイナスの印象しか残さないのです。

今は、売り手市場だからこの程度でも採用してくれる企業が見つかるかもしれませんが２０２０年以降、もし景気が下向いてきたときに、このような人が新しい職場を見つけられるか、いやそもそも現在の職場にそのまま居続けることができるが甚だ疑問です。

「鉄板」と言われた日本の解雇なき雇用制度も、今後は他の先進国並みに金銭で雇用関係を解消することを認める方向に進まざるを得ないでしょう。そうした時に自分の雇用を守るのは裁判所や弁護士ではなく自分自身が創りだすエンプロイアビリティーでしかないのです。要は企業から見て「この人は給料以上の付加価値を当社にもたらしているので、引き続き勤務して欲しい」と思ってもらえる社員になるかどうかです。給料以上の付加価値をもたらす、ということは簡単なことではありません。

多くの場合、被雇用者は給与の振り込み金額にしか興味がありませんが、企業の人件費負担は社会保障費の事業主負担分を加えると給与額面金額の１２０％にもなります。事務所費用、光熱費、ＰＣを含む事務用品費等を加えれば、おそらく給与振り込み金額の2倍以上の金額を「あなた」を雇用するために企業が負担しているのです。この金額以上の付加価値をもたらすことは並大抵のことではないでしょう。もし全ての人が人件費より大きな付加価値をもたらすことができるなら、それらの中の何人かはおそらく独立して自営業を営むでしょう。そのほうが収入が良いからです。

雇用されるか、自営業を営むかは実は大きな争点ではありません。これから今まで以上に長期間働くことが普通になる世の中にあって40歳、50歳であなたの市場価値は無くなりました、と言われては生活が成り立っていきません。有意義な人生にするためには、自身の市場価値の消費期限をなるべく延ばして、何時までも労働力として重宝がられるスキル、ノウハウを磨き続けなくてはなりません。のんびりしていたら人工知能（ＡＩ）やロボットに代替されてしまいます。如何にしてエンプロイアビリティーを身に付けるのかを真剣に考え、実践していかなくてはならない時代になったのです。

ＡＩに負けないための方法

ＡＩの普及によって今後10～20年の間に現在の職業の半分以上が無くなる、と英オックスフォード大学のマイケル・オズボーン准教授が発表した時には世の中は騒然となりました。まして や、その無くなる仕事の上位に人々が想像していた単純労働ばかりでなく、一般的に「先生」と呼ばれて社会的地位も高く、収入も高く、そしてその職業に就くためには時間とお金をかなり投資して勉強しなくては就けない「士業」と言われるものが並んだからです。公認会計士、弁護士、税理士、医師（士ではないけれど）等々です。

これらの職業に共通することは、膨大な情報を正確に覚え、その中から目前の事象に合う法律や判例、症例をなるべく早く見つけ出し、それら抽出した情報を基に目前の問題を解決するアドバイスを行うことです。すでにお分かりのように、これこそコンピュータ、ＡＩが最も得意とする作業なのです。そしてＡＩは１秒間に何千万回も演算できるので、その速さに到底人間は敵いません。勿論、ある外科医のように「神の手」をもち、困難な手術を魔法のごとく執刀できる人もいますが、これとてＡＩとロボットが融合すれば、感情を持たない分、安定した手術ができるようになるかもしれません。

今「感情」と言いました。実はこの言葉や「創造」という言葉が、これからの時代を生き抜く鍵になるのではないかと私は考えています。つまり、記憶や思考、行動ではロボットを含むＡＩに人間は残念ながら勝つことはできないでしょう。しかし、これら「道具」は過去の情報を記憶し、それに基づいて行動することはできますが、全く新しいものを思いつく「ひらめき」や「勘」、「喜怒哀楽」に訴えることなど、具備していない機能もあります。

では、ＡＩが備えていないひらめきや勘を磨くにはどうしたら良いでしょうか。私たち日本人は四面を海に囲まれ、外界と遮断されがちな土地に住む単一言語の民族でしたからイメージしにくいですが、ダイバーシティー（多様化）という考え方が役に立つと思います。最近でこそ日本でも多様性の重要さを指摘する声が出てきましたが、その多様性と言っても精々男性社会に女性が進出することを示す程度でしかありません。世界標準で言えば、宗教の違い（かつて私が勤務した米国系の製薬会社では、豚肉を食べることを忌むイスラムの人々用には、薬の錠剤のカプセルにラードを含まないようにしよう、というような議論が真顔で検討されたことがありました。その議論をしていたのは研究職ではなく人事部の面々であったことにも驚きました）、肌の色の違い、言語の違い、健常者・身体障碍を持つ人など、それこそ多様なダイバーシティーの切り口が存在します。そのような多様性をできるだけ多く体内に取り込み、自身の体の中に不協和音を作り出しショックを受けることが、ひらめきを生み、勘を冴えさせることにつながるでしょう。

ダイバーシティー

ダイバーシティー（多様化）という言葉は長らく日本人にはピンときませんでした。最近の政府の施策「働き方改革」の中の一つのテーマに女性の活躍がありますが、これもダイバーシティーです。学生時代は往々にして女性のほうが男性よりも成績優秀ですが、結婚、出産、子育て、とライフイベントにはこれまで女性の時間と力の方が遥かに多く注がれていたため、彼女たちが家庭外での仕事に割く時間は少なくならざるを得ませんでした。これを今後転換し男性が更に育児や家事に費やす時間を増やし、女性が持つ力を家庭外でももっと発揮してもらおう、ということです。

これまで企業組織は男性を中心に運営されることが普通でしたが、これからは女性の視点も含めた運営が必要になります。これが企業組織や人々の考え方の進化や革新につながる可能性は高いと思います。いつもとは異なったことをしてみる、例えばいつもとは違う通勤路をとってみる、普段は車で通り過ぎるだけの街を歩いてみる、そうすることによってこれまで気が付かなかったモノが見えてくる。これこそ進化の種です。

男性社会の中に女性が入ってくるだけで、この程度の変化の兆しを期待できるのですから、老若男女、国籍、宗教等の多様性を受け入れ、互いを反射させあったらさぞかし思いもよらぬ新しいものが産まれるのではないかと、わくわくします。とは言え、異物が組織内に入ってくる拒否反応が大きいことは、我々がちょっとした病気をしたときに熱が出たり気分が悪くなったりという病状を通じて経験済みです。しかし、その拒否反応を乗り越えたところには、一段と高みに上った組織が出来上がっていることでしょう。これこそ日本企業や日本人が今後更に活躍していくための鍵の一つになるでしょう。

多様性への取り組みについては、私たち日本人は遅れていると思われがちですが、私はその逆だと思っています。

有名な「聖徳太子が制定した17条の憲法」には「和をもって尊しとなす」とあります。この「和」を「やわらぎ」と読み、そして聖徳太子当時の時代背景を鑑みると、大陸から宗教を含む文化を日本の既存文化に取り込み、自分たちの文化を更に高めていこう、という宣言のようにも受け取れます。ドイツ語のアウフヘーベン（Aufheben＝止揚）と同じ意味合いです。英語圏の国ではダイバーシティー（Diversity）を語る際には必ずインクルージョン（Inclusion＝包含）という言葉を併記します。つまり多様化した異物を柔軟に取り込み、既存のものの良さを残しながら、より進化したものにしていく、という考え方です。

ダイバーシティーというと男性に対する女性しか思い浮かばないような狭い了見で考えがちですが、この程度の認識で現在の企業組織の運営を考えるようでは心もとない限りです。自分の上司や部下が外国人であったら、それも文化や習慣どころか、どこにあるのかさえも知らない国の出身者だったら、あなたは彼らとの意思疎通を楽しむことが出来ますか。相手を先入観無く受け入れ、自分自身を内省し、両者の良さを抽出できるようになるまでには色々障害や葛藤があるはずです。しかし世の中は単一民族、単一言語といったモノカルチャーでは打破できない程の混迷に包まれています。否応無く日本語以外で日本人以外の人と、以心伝心「ではない」カルチャーで対話せざるを得ない時代なのです。

企業内の教育では不十分

2018年新年早々、オランダの世界的な人材サービス会社であるランスタッド社が自社の調査結果として、日本企業が社員1人当たりに費やす教育費用は世界で第43位であると発表しました。少なからぬ日本の企業人、特に中高年の方は「おやっ」と思ったのではないでしょうか。自身が新入社員の頃は、日本の企業は右も左も分からない新卒者を大量採用し、企業の色に染めるために痒いところにも手が届く新入社員教育を施し、その後中堅社員研修、管理職研修、果ては退職後の人生を考える研修まで数多くの研修機会を与えているという印象があるからです。

確かに一昔前は、企業に入ればそこで〝生活〟していくために必要な研修は都度受動的に与えられてきました。昨日の延長上に明日があると思えるような穏やかで幸せな時代にはそれでも良かったのかもしれません。しかし、再三指摘するように現代ほど変化が速く、多様化する世の中に対抗できる社員を輩出するための企業内研修ができている日本企業はいったい何社あるでしょうか。そもそも、企業内研修を担当する人事部や研修部の責任者や担当者が、本当にただ今現在、企業が生き延びていくために必要な社員を育成するために何を学ばせればよいかが判っているでしょうか。

人事部や研修部といえば同期入社の中でも優秀と思われる人を充てる企業が多いですが、その優秀と判断する指標の第一は学歴でしょう。では日本の大学や大学院で優秀な成績を収めて入社した社員が、本当に今の世の中に絶対的に通用するでしょうか。大学で彼らを教えた教師は往々にして同じノートを何十年も黒板に書き出すだけの人であることが多いし、その板書事項をきちんと覚えて必要な時に正確に再生できる学生が「優秀」とされるのが日本の大学（だけではなく、文科省が管轄する全ての教育機関に共通）の評価軸なのです。このような教育制度で育ってきた人物が本当に現代社会の中で頭角を現すか、更には頭角を現す社員を育成するような教育を施すことが出来るのか、一度疑ってみる必要があると思います。

現代は海図のない航路を行く大航海時代と同じほど先が見えません。これまでの常識が通じない時代です。答えがない時代を行くのに、過去の答えを正確に再生できるだけの秀才が人々をリードできると考えることが正しいのか、自分の頭でよく考えてみて欲しいと思います。私が中学生の頃、永世中立国は戦争をしないと教わりました。そのとき私は社会科の先生に「ならば何故、世界中の国が永世中立国になって、戦争がない世界にならないのでしょうか」と質問したことがあります。その先生の答えは今でもはっきりと覚えています。曰く「大人になったら分かる」と（大人になっても、自然に分かった訳ではありません）。

自ら考え、検証し、そして更に考えを深める訓練をしてこなかった人が教えることを鵜呑みにしては、現代では決して生き延びることができません。そのような人たちが企画する研修だけでしか学ばない危険も知っておくべきです。寧ろ日本の企業がお仕着せの研修を止め始めた今こそ、心ある人々は今後の時代を生き延びるための学習を自ら始めればよいのです。天は自らを助ける者を助けます。人のふんどしで相撲を取るようなケチな考えでは自分の将来を拓くことなどできるわけがありません。

勉強しない日本人

では、かくも変化の激しい時代に対応して、我々日本人は用意万端できているでしょうか。最近でこそ、国の施策の一つに「学びなおし（リカレント教育）」という言葉が上るようになりました。ところが、この「学びなおし」が、現在の日本社会が本当に求めている内容なのかどうか、私はいささか疑問に思っています。

先日もある新聞に、この件に関するアンケートの結果が掲載されていました。職業を持っている人に対して「あなたは時間があったらどんなことを学びたいですか」という問いを投げかけているのですが、その回答の上位は「語学」「カルチャーセンターで教養を身に付ける」「読書」といったものでした。私は、このような事柄は学びなおしとは全く関係がないと思います。これらのことはやりたければ今すぐにでもできることで、わざわざ国が音頭をとって仰々しく打ち上げるものでもないと思うからです。

今組上に上がっている「学びなおし」が本当に意味するのは、次のことではないでしょうか。つまり科学技術の発達がもたらす変化の極めて速い現代社会において、学校（義務教育でも、専門学校でも、大学でも）を卒業する時点で習得している知識・ノウハウだけでは職業人人生を全うできないことが明らかになってきました。従って定期的に新しい技術やスキルを身に付けなくては自身のエンプロイアビリティーを持続させることが困難、というところが出発点になっていることを押さえておかなくてはなりません。決して趣味の範囲を広げましょう、という程度の軽い話ではないのです。例えば、学校卒業後20年経過した時点で、もう一度大学（あるいは大学院）で学ぶということです（図1参照）。

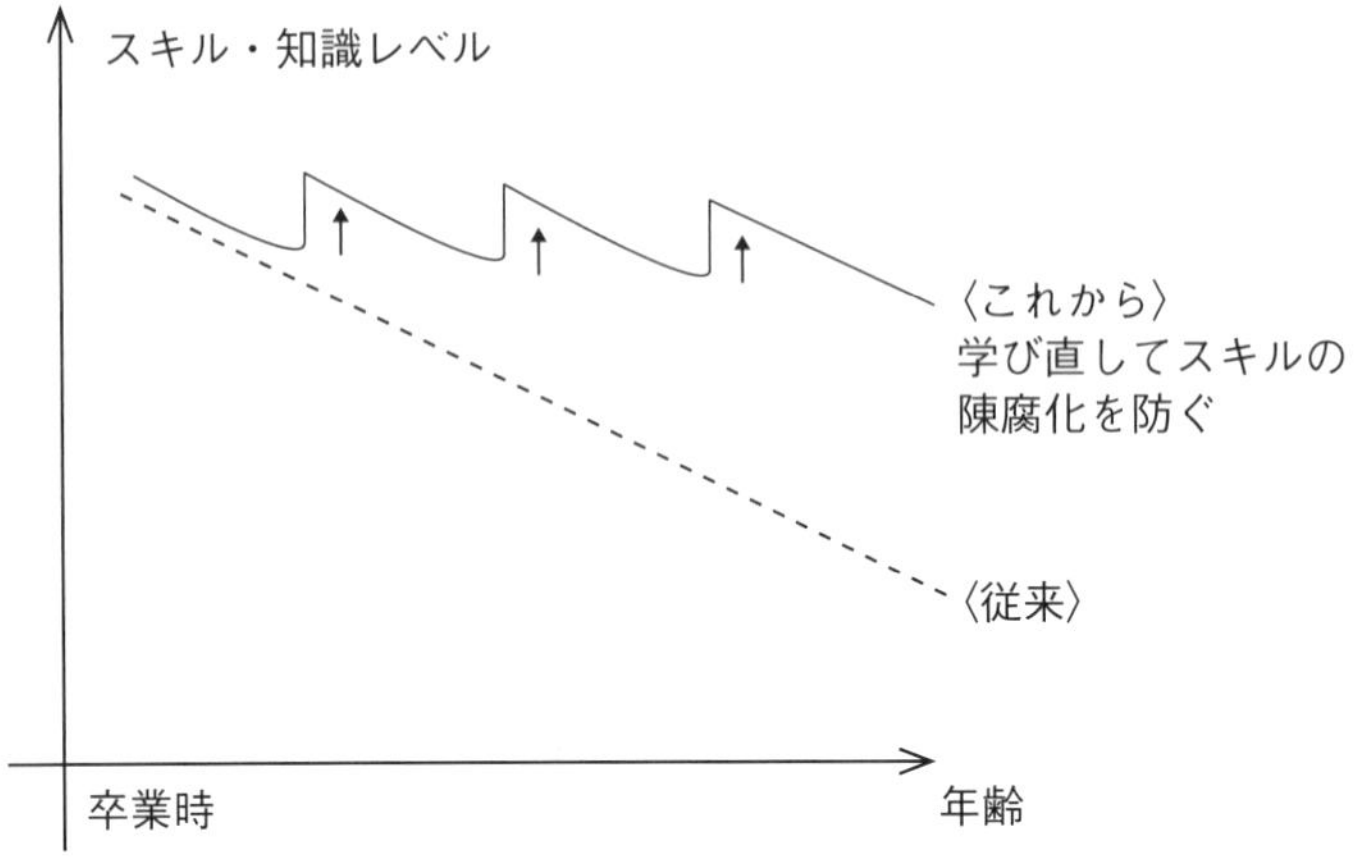

（図１）スキル減価償却からの脱却

日本の職業人は、学校を卒業する時点で最も学力が高く、その後定年までその知識を減価償却して生き延びることが一般的であるようです。その間、企業がＯＪＴやOff-JTを実施することにより働く人の陳腐化に幕を張っていただけなのではないでしょうか。ある企業がその社員に与える（特にＯＪＴ）訓練は、その企業の中でしか役に立たないものになる傾向が強く、またこれは当然のことでもあります。企業としては教育に投資している以上、その社の中で教育効果を発揮してもらわなくてはなりません。どんなに世の中にＡという技術が流行っていても、ある会社がＢという技術を使っているならば、Ｂという技術を勉強させるのが同社の自然な考え方です。しかし最終的にＡ技術がＢ技術を凌駕した際に、Ｂ技術に精通した同社の社員の価値は急速に減耗してしまいます。これを避けるために、その社の社員は自らA技術も勉強し「二刀流」になっていなくてはならないのです。すべて会社におんぶに抱っこされて、定年まで逃げ込もうという虫の良い考えが通じる時代ではもはやないことを知って欲しいと思います。

米国では既に昔から一定年数働いたのちに、将来のキャリアを考えて大学院に進学するという考え方がありますし、ドイツでもギムナジウム（高校に相当）を卒業した後は直ぐには進学せず暫く世の中を色々な方法で観察・体験し（その間に徴兵制もあります）、その後大学に進学するという形をとる人が少なくありません。大学では企業でのインターンシップを単位に充当するなどの仕組が整えられています。卒業と同時にある組織にどっぷりとつかり、その中で習得できる知識だけで何十年も生き抜いていく日本人とは全く異なる発想です。

自由主義を求めていない日本人

「日本の労働慣行の特徴の一つは終身雇用制である」という問いが大学入試に出題されたら「○」が正解でしょう。では、一体どのくらい続けば「慣行」といって差しさわりが無いのでしょうか。半世紀も続けば、慣行と言えるならば確かに正解でもおかしくはありません。終身雇用が定着し始めた理由は、太平洋戦争後の経済不況下で社員の解雇が横行したことに反発した労働組合との折り合いをつけるためであり、その後経済発展が著しくなり人員の確保が急務となった企業側の利益が雇用確保という社員の利益に合致したためです。

戦争前までは大学を卒業しても職を転々とすることは珍しくありませんでした。日本では武家社会以降、ご恩と奉公、忠義、といった考え方が社会の基盤となっていたので、終身雇用制度も100年、200年と続いた日本独自の文化、と思う方がいるかもしれませんが、実態は違うのです。

何故、終身雇用制度を話題にしたかといえば、現在の労働行政そして労働者の考え方の根本がこの仕組み（実はそれほど長い歴史があるわけではないのに、日本の精神的支柱とさえ思っている人がいるようです）を拠り所にしていると考えるからです。ご存知のように日本では解雇は難しい、というより実質不可能です。ドイツやフランスも解雇は簡単ではないのですが不可能ではありません。金銭的な解決も可能です。企業と労働者がおおよそ対等な立場で自律的に存在している、という考え方を基盤にしているので争議などになった際にも、常時ではありませんが「お前の意見も分かる」と相手側が感じる瞬間が少なからずあるものです（私がポーランドの現地法人で代表を務めていた際に経験した訴訟に基づきます）。

しかし日本では、少なくても私が係った解雇やその他の労働訴訟では、企業と労働者の立場や意見は終始平行線をたどり、とても討論などできたものではありませんでした。

例えば、入社数か月のある上級管理職を解雇するかという労働審判において、企業は彼が過去数か月の間、何ら実績を残さないばかりか、営業活動をした痕跡がない（精々あるのは、月に数度の接待領収証のみ）と厚さ5センチにもなる証拠書類を用意して訴えました。その管理職は「日本の法律では解雇はできない」「今この年で解雇されたら、自分の生活が成り立たない」と反論し、結局は企業が給与の数か月分の和解金を支払って結審したことがあります。企業側の弁護士によれば「この金額で和解できたので、実質は当方（企業）の勝ちです」とのことでした。

自由主義世界では企業と労働者は対等であり、労働者自身が得る給与に相応する付加価値を企業にもたらすことが基本中の基本であるはずです。相手から少しでも多くとり、自分からはできるだけ少なく出す、という考えでは契約が成り立つ余地がありません。Win Win の関係が日本の労働市場で成立することは、他の先進諸外国に比べて困難なように感じています。「相手がそうなら、こっちにも考えがある」と思ってしまうのが人間の弱いところです。お互いをリスペクト（尊敬）し合い、長所を活かす。もし一方が契約不履行（成果を出せない、給与を支払えない）をするならば、話し合いであれ訴訟であれ、契約不履行によって相手方が被った被害を償うのが自由世界の法則だと思います。「働き方改革」というテーマを考えるならば、雇用契約は双務契約であることをまず確認し、その遂行を覚悟することから始めなくてはならないと思うのです。

自分で考えることを忘れた日本人

私が日本の働く人の姿勢に警鐘を鳴らすのは、何も私が企業側に立つ人事部の人間だからではありません。中立的な立場で考えても、ある部分は極端に社員側に又ある時は極めて企業側に与するように見える、日本の労働行政や記憶再生機を製造しているとしか思えない教育指導要領に疑問符を持っているからです。

例えば、私の海外赴任に伴って、家族一同がドイツに移住したのは1992年でした。赴任2年後に長男が小学校入学（現地校）の年齢となり、入学前の事前説明会に妻と共に参加しました。その際先生（当然ドイツ人の方）が、入学式の日に持参する物を説明してくださいました。その中にSchrift（シュリフト）というものがあり、さっそく辞書を調べると「筆記具」とありました。さてここからが大変です。筆記具とは鉛筆か、ボールペンか、シャープペンシルでも良いのか？　芯の太さや濃さは？　HBだろうか、2Bであろうか……。何本くらい持っていけばよいのか、学校指定の文具品を扱う指定文房具屋はあるのだろうか？？？　日本ならば、これらの答えを全て書いたプリントと呼ばれる連絡用紙が配られて終わりなのですが、そのようなものもなく、同席したドイツ人の親御さんたちの様子を見ると皆納得しているようです。当時は片言さえ厳しいドイツ語なので質問する気にもなりません。ここはあれこれ考えても仕方ない。日本式で用意して、問題あればあとから直そう、と決断した次第です。

さて、入学式の当日にドイツ人の子供たちが持参した筆記具は、何とバラバラ。中には赤いインクの万年筆を持ってきた子供もいました。鉛筆ではなく、12色の色鉛筆セットの子供もいました。つまり、文字通り「筆記できるもの」であれば何でも良かったのです。目的を達するものであれば本人が使いたい筆記用具で良い、ということでした。妻と私がこの時に痛感したことは、日本に住んでいた自分たちが如何に洗脳され、かつ自分で考えることを放棄した状態（脳死状態）であったか、ということです。

私たち多くの日本人は、お上から言われることを無条件に信じ込み過ぎてはないでしょうか。更に悪いことに、25年前の私がそうであったように、その自分の状態に気付いていない危険はないでしょうか。この状態と、情報を遮断された北朝鮮の気の毒な庶民たちと何か異なる点があるでしょうか。

つまり私たち日本人は（名誉のために、全てとは言いませんが）殆どの場合、統制管理された体制の中で生かされてきたのです。政府をはじめとする国家やマスコミに洗脳されており、そしてそのことに多くの場合、気付いていないのではないでしょうか。当然のことながら、このような体制、環境の中で施された教育によって成長してきた個々の日本人が国境さえ消え、情報、金融、技術だけでなく人さえもボーダレスに移動する現代社会の中で、比較優位性をもって海外のライバルたちと厳しいレースに立ち向かうことができるのでしょうか。

「現在の憲法は戦勝国アメリカから押し付けられたものであり、戦後の教育は日本を骨抜きにするために米国が仕組んだものだ」と批判する人に、「では何故、明治維新以降の歴史については何ら批判しないのですか、それとて官軍となった薩長主導の歴史ですよね。」と質問したら何と回答するでしょうか。司馬遼太郎氏の『坂の上の雲』や『竜馬がゆく』という小説が余りにも秀逸であるために、明治維新以降の歴史と、太平洋戦争敗戦以降の歴史を違う指標で評価する、というダブルスタンダードな言い訳はグローバルスタンダード下では通じません。

本題と離れますが誤解を避けるために申します。私は現在の日本国憲法は変えれば良いと思います。但しそれは第９条のみに焦点を当てる矮小化されたものではありません。世界第３位の大国となった日本と日本人が如何に世界に貢献していくのかのビジョンを示し、それを実現するための統治機構と人創りを明らかにすることが先だと思います。企業組織の運営にあたっては当然行われていることが、国という組織において何故実行されないのか不思議で仕方ありません。

大人になりきれない日本人

くどいようですが、前の節に引き続き日本とドイツの差の例を挙げて、私たち自身の行動を振り返る材料にしたいと思います。

ドイツの鉄道、地下鉄には改札口がありません。切符は改札に入る前に自動販売機や窓口で購入することになっていますが、改札にはゲートがあるだけ（無い駅もある）で駅員さんもいませんし、切符を機械に読み込ませる仕組みなども当時はありませんでした。だから、ご想像の通り切符を買わなくても改札を通り抜け電車に乗ることができます。私は当初、改札を自由に通過できると切符を買わないで電車に乗る人だらけで企業としての収入確保はきちんとできるのだろうか、と心配してしまいました。ところが彼の国では、交通機関に乗る際にはお金を払う、というおおよそ世界の何れの国でも共通の規範は改札が無くても守られているようでした。尤も電車の中には「無賃乗車者には50ユーロ（当時はマルク）の罰金を科します」というポスターが貼ってあり、時々私服の調査官が不届き者を摘発するために乗車していることもありますが。

自動車大国ドイツの重要なインフラストラクチャーの一つが世界でも有名なアウトバーン（Auto Bahn）でしょう。少々の渋滞があったとしても、また県道や市道を使用する時間を含めても、おおよそ目的地まで時速１００キロで走行できると考えれば、到着時刻にそれほど大きな狂いはないことを私は経験上学びました。ドイツ全土を縦横無尽に網羅していますし、おまけに無料ですから大変使い勝手が良い道です。気温が下がる冬場は塩化カルシウムを散布する作業車が常時走っており、少々の雪や路面凍結で通行止めになることはありません。ここにも一つ彼我（ひが）間の考え方の違いがあります。道路は出来る限り通行できるようにしておく。但し、相手は自然なのでこの先どうなるかは分からない。だからアウトバーンを使用しても良いけれども、それは自己責任でお願いします、ということです。

ひと月ほど前に東京地方が天気の急変に見舞われ、中距離路線バスが急に冠水したトンネル内で立往生する事件がありました。前後の車も立ち往生したので、路線バスは長時間に亘って動くことが出来ず、乗客は緊急避難路を伝って徒歩で地上に出たそうです。その中の乗客の１人がインタビューに応えて「こんな天気の悪い日にバスを運行させること自体が無謀なんだ。

考えが足りない」と苦言を呈していました。しかし天気の急変と、それに伴う東京地方の大雨予報は前日から何度もトップニュースで報じられていたのです。ならば、その状況を鑑みその乗客には「乗車しない」という選択肢もあったのです。

自分で判断し、その結果は自己責任として受け入れる大人の国と、他者からの指示に従うことに慣れ、自分で判断する能力を退化させている国の差を見た思いがします。ますます自律することが必要な世の中に適合するのはどちらでしょうか。

意外に大きい日本の影響力

日本人として、否1人の社会人（実はこの言葉はあまり使いたくありません。が、人口に膾炙（かいしゃ）しているので敢えて使わせていただきます。この場合、社会人＝働く人の意味ですが、これに限定してしまうと働いていない子供や学生・高齢の方はどうなるのでしょう。彼らも立派な社会の構成員です）として、世の中に貢献し活躍しつづけるために、まず私たちは等身大の自分を知らなくてはなりません。

私が小学生の頃「日本は極東の小さな島国」と教わりました（欧州から見て東の果てなので

「極東」です。欧州を中心とした地図を見れば一目瞭然です）。「極東」と「島国」は良いにしても、本当に日本は「小さな」国でしょうか。ご存知の通り日本の面積は約37万平方キロメートル、現在の人口は約1億2千600万人で世界で10番目の人口大国です。40年前でも1億人超であり、当時世界中に人口1億人以上の国は日本を含めても6か国しかありませんでした。

1989年に当時の東西ドイツが統合する際には、多くの国、特に欧州諸国が超大国ドイツの出現を旧ドイツ帝国の再来となるのではないかと懸念を持っていました。統合後に超大国になっても面積35万平方キロメートル、人口8千万人、GDPも日本に次ぐ3位だったにも拘らずです。更に言えば1995年当時の日本のGDP（5、450、805百万米ドル）は英国、フランス、イタリアの欧州主要3か国の合計（4、103、000百万米ドル）よりも遥かに大きかったのです。為替レートの問題もあり、かつ1990年代以降、日本はつい最近まで失われた数十年間を彷徨する一方で、彼の3国は多少の上下はあったものの大きくみれば右肩上がりのGDP曲線を確保しているので、現在では逆転されてしまいましたが、つい最近まで日本は世界第2位の経済超大国であり、現在でも世界第3位の大国であることを私たち日本人自身がしっかり認識しておかなくてはなりません。

これは何も日本が大国だから私たち日本人が他国の人々に対して尊大な態度や横柄な言葉使いをして良い、ということでは決してありません。寧ろその逆で大国の住民として世界の中で果たすべき役割を十分認識し、それに見合った言動をしなくてはならないということです。西洋の騎士道にはノーブレスオブリュージュ（高貴な義務）という考え方があり、高い地位、裕福な人といった他者よりも多くを持っている者は、持っていない者に分け与え、弱き者を守る義務をもっていると考えられています。そして、それを実行できてこそ本当の大人（たいじん）、大丈夫（だいじょうぶ）と見なされ尊敬されるのです。

世界の多くの国の人々が日本は大国（広さ、人口、経済力のみならず歴史や文化を含めて）と見ているにも拘らず、私たちが本当の日本の立ち位置を認識していないばかりに本来取るべき言動を取れないでいると、早晩他国の人々から愛想をつかれることになりかねません。これを避けるためには私たち日本人一人ひとりが世界の中に出て行ってもきちんとリーダーシップを取り、他者に貢献できるだけの技量をもつ人物になることが必要です。

何も全員が国連総長になれ、と言っているのではありません。何かの縁で異国の小さな村の住人になったとしたら、そこで町内会（そのようなものがあるかどうか分かりませんが）の一員として皆のために骨惜しみしないで参画する、良いと思ったことはしっかり発言して意見の多様性に貢献することで十分だと思います。ただ乗りをしないということが大切なのです。

ドイツ等多様化された国のニュースを見ていると、中東や南米といった欧州以外の事柄もバランスよく放映されています。片や我が公共放送はどうでしょうか。例えば、台湾で大きな地震があった際には「この地震で日本人の被害者はいない模様です」と放送されます。日本にいる台湾の方々がこのメッセージを聞いてどんな気持ちになるか想像してみてください。もし逆の立場だったらどうでしょう。今後、より広い視野を持って世界や物事を見る姿勢を取らない限りグローバル社会で生きていくことが益々困難になると思います。

現状とあるべき姿の差を明らかにする

終身雇用制に守られた日本の企業人は、残念ながら当初の勤勉さや、雇用が保証される有り難さを忘れてしまったようにみえます。当初は「よし、会社が自分のことをそこまで考えてくれるならば、自分も一生懸命精進し、会社に恩返ししよう」と考えていたと思います。いわんや「(自分が) 会社のお荷物になるなんて、恥ずかしくて世間様に顔向けができない」とさえ思っていた方もいたことでしょう。ところが人間というものは初心を忘れやすいものです。一旦安定した立場を手にすると、それが知らず知らずのうちに既得権となり、その権利をなんとか守り抜こうとします。元来権利は義務と表裏一体の関係ですが、権利だけが前に出て、ややもすれば義務を忘れてしまいがちです。

只今、一部の人々の間でベーシックインカム（ＢＩ：全ての国民に生活に必要な最低限の金額を毎月支給する制度）導入推進の議論がされていますが、これとて同じです。最初は生活に必要な最低限の給付が頂けるので人々は喜びますが、その内、金額が少ない、どうせ働かなくてもＢＩ分だけは貰えるのだから少々怠けようか、というように不満を抱いたり、楽な方に自分を導いていくのが人間です。毎年４月に昇給があったとしても、同じ年の９月に「貴方の４月の昇給はいくらでしたか」と尋ねて正確な金額を回答できる人が何人いるでしょうか。困窮者には一時的な支援は必要かもしれませんが、それが恒常化すると往々にして人間は堕落します。だから支援がある間に、急いで自律させる仕組みと意識づくりが重要になるのです。

終身雇用や年功序列賃金制度が崩壊して文句を言っている中高年は少なくありません。「若いときに実力より安い賃金で働いたのだから、50歳になったら若いときに我慢した分を上乗せして支払ってもらうべきだ」という彼らの意見は一見正しいようにみえます。では「残念ながらそれはできないので、貴方が自分の実力に見合うと思う賃金を支払ってくれる企業に転職してください」と言われたらどうでしょうか。「よし、分かった」と二つ返事で言えれば大したものです。そのような方には、企業は即座に「ご希望通り昇給しますので、当社に残ってください」と言うでしょう。しかし多くの場合は、そのようにはなりません。企業は絶対に確保したい社員を雇用していると同時に、実は辞めて欲しい社員を沢山抱えており、機会があれば確保したい社員にはより多くの報酬を支払い、より確実に貢献意欲を引き出したいと考え、逆にお荷物社員には何とか早く外に出て行ってもらえないかと念じているのです。

ピョンチャンオリンピックで女子スピードスケート競技に参加した高木美帆選手は早くから逸材として注目されていましたが、4年前のソチ大会では日本代表からも落選してしまいました。その彼女が今回の出場に際して次のようなコメントを発していました。「(勝てないときは)これまではこうやってきたから、これからも今まで通りこうやれば良いのだ、としか考えていなかった」「(でも今は違います。)一つひとつの動作を思い返して、どうしてそうしたのか、こうしたらどうだろうかと何時も考えています」と。

(著者注:高木選手は今大会で金銀銅の3つのメダルを獲得する快挙を達成しました!)

ライバルは常に進化しています。それに対して自分がある地点から前進することを止めたら、相対的には後ろに下がるのと同じです。相手に勝つことが目標ではありません。それは結果として付いてくるものだと思います。自身を変革し、進歩しつづけることが必要なのは、自分の人生を豊かにするために欠かすことの出来ないプロセスなのです。蝶々がさなぎから脱皮して初めて、きれいな羽を羽ばたかせながら空を舞うことができるイメージです。

本書では、どうしたら貴方が「企業が絶対に確保したい」と思う社員になれ、自分の希望にほぼ従って昇給が叶えられるようになるのかを考えてみたいと思います。給与の面だけではなく、貴方が企業に継続して雇用されることで、貴方はもとより家族、組織内の人々や、企業そのもの、更には社会にも良い影響を与え続けることができる人になるにはどうすればよいのかを著したいと思います。

第2章

採用面接必勝法

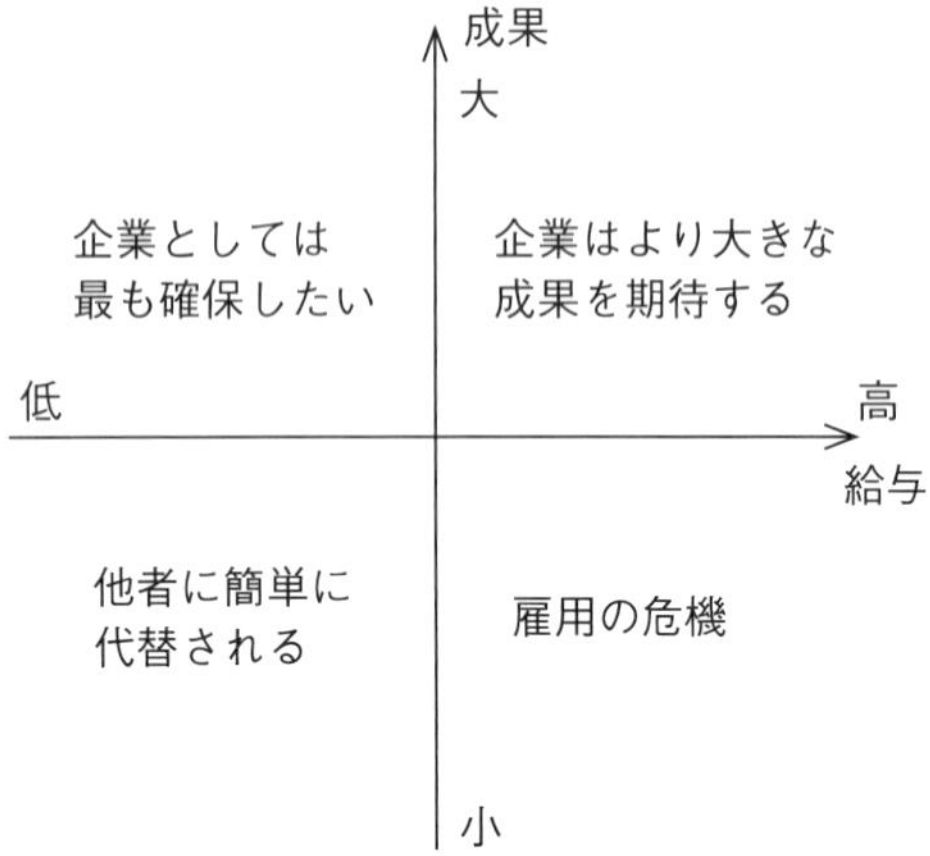

（図２）優秀な人＝企業が確保したい人

優秀な人とは

「優秀な人材を採用したい」と、殆どの経営者、或いは人事担当者は言います。では、優秀な人材とはどんな人材なのかを表現しようとすると簡単ではありません。「XX部のXXさんのような……」とは言えても、概念として端的に言い表した記述はあまり見かけません。

NPO法人人事コンサルタント協会では優秀な人を「当該職務を遂行させる上で、当人に支払う賃金コスト等が他者よりも低く、当人が上位職務を担うまでに要する期間が平均より短い人」と定義しています（各務晶久、2018）。少し長くなりますが、同協会の人材測定コンサルタント養成講座のテキストを引用します。

処遇を決定付ける要素には「業績」と「能力」があり、この二者を他者と比較して初めて優秀かどうかを判断することになる。まず「業績」について考えた場合、同じ業績を得るのに企業が支払うコストは低いほうが良いといえる。社員に要するコストの主なものは賃金なので、同じアウトプットなら、より低い賃金でその職務を遂行している社員の方が優秀といえる（図２参照）。20年選手と同じ仕事をこなしている新入社員がいれば、その新入社員は「業績」については優秀といえる。次に「能力」について考えてみる。仕事をやり遂げる能力を「職務遂行能力」というが、今現在持っている職務遂行能力の他者比較は優秀さを定義する上で基本的な要素である。それ以外にも、その遂行能力を獲得するまでの期間の長短も優秀さを考慮するうえでは重要なポイントとなる。（中略）更に言えば、その職務遂行能力でとどまる人よりも、更に高いレベルの業務ができるようになる人かどうかも重要な要素だ。定型業務は完璧だけど、それ以上の仕事はできない人より、非定型業務や管理業務などを担える人のほうが優秀といえる。つまり次のように表すことができる。

優秀な人＝コストパフォーマンスが良い人＋業務習熟期間が短い人
　　＋より難易度の高い仕事に挑戦できる人

さて、本書を読んでくださっている方はご自身をこの定義に当てはめてみた場合に、自分自身を「優秀」と断言できるでしょうか。人を家電製品やパソコンのように扱うことをお許し下さい。私たちは物品を購入する場合には、性能が良くてかつ少しでも安いものを探そうとします。もし自分が買ったものが、知人のものより価格が高く、かつ性能（デザインや色も含みます）が少しでも劣っていれば、非常にがっかりします。しかし、社員の立場に立ったときには同じ人が、自身の性能（職務遂行能力）を省みることなく（或いは客観視しないで）、少しでも高く買って欲しいと願うのです。買う立場の企業としては、「少しでも性能の良い人を少しでも安く買いたい（雇用したい）」と思っているにも拘らずです。では、「能力」についてはどうでしょうか。入社以来20年間ほぼ同じ仕事をしてきた人の仕事を、最近入った給料のより安い人が半年でマスターしたらどうでしょうか。最初のうちは新入社員も「先輩の杵柄」に驚き、感嘆するかもしれませんが、6か月後には新入社員のみならず会社もその20年選手に何故これだけの給料を支払うのか、と訝しげに思い始めるでしょう。本人はこれまで頑張ってきたのだから現在の給与は当然と思っているかもしれません。しかし、労働市場にはもっと安くて同じ成果を出せる人が沢山いることを認識しないと携帯電話と同じくガラパゴス化してしまいます。

終身雇用制度は経済が成長する中で、企業がより多くの入社希望者や社員を引き付けておくには大変有効な制度であったことは間違いありません。１９６０年代以降に奇跡的な高度成長を成し遂げた日本経済に与えた好影響は計り知れないものがあります。しかし、世界の環境が当時とは激変してしまった今日では、終身雇用は否定されるものではありませんが、それに安住することの危険も多分に含んでいることを認識すべきと思います。

例えば、先に書いた「ガラパゴス化」です。一つの会社の一つのシステム（ビジネスプロセス）だけを閉鎖された世界で淡々とこなしてきて、ある日突然天の岩戸が開いたとしても、外にある変化が自分を取り巻いている現実であるとは思えないかもしれません。ましてや、自身が従来の考え方ややり方を変えて、その変化に順応することなど仮に頭で分かっても実行は極めて難しいでしょう。多くの場合は「これまでＸＸの方法でやっていたのだから、ＸＸの方法でやることが当たり前だ」と理由にもならない理由をつけて自分自身を納得させてしまうでしょう。或いは、周囲が新しい考え方を提案しても「それは私にはできません。それほど言うなら、私を馘にしてください」と見当はずれな反抗をするかもしれません。本人は「この仕事は自分しかできないから、決して馘にはされないだろう」と思っての発言です。

従来はそれで事が納まったかもしれませんが、今日このような発言をすると会社は待ってましたとばかりに「そうですか、残念ですが貴方がそのようなお考えならば、決心も固いようですから引止めはしません」と言いながら、退職届（余談ながら、退職願は企業が受理しないと効力を発しませんが、退職届は提出することで効力を発揮すると考えられています）の用紙を手渡してくれるでしょう。
確かにベテラン社員がいなくなると当面の間は当該部署は右往左往するでしょうが、社長でさえどんどん代わる時代です。一社員がいなくなっても会社は潰れません。確かにその企業の中に明日から直ちにその仕事を昨日どおりにできる人はいないかもしれません。その点は不便です。しかし、社内にも習熟カーブが高い人はいるでしょうし、仮にいなければ労働市場から採用すれば良いのです。余人をもって替え難いということは、少なくても企業組織の中ではまず無いと思ったほうが正解です。

このように経験知だけを長年かけて積み重ねて行き、自分は優秀だと自己陶酔しやすい環境を終身雇用制は作り出しやすいのです。これに加えて年功序列賃金制度が拍車をかけてきました。文字通り年「功」ならばまだしも、多くの場合、年「令」序列になっていることが問題です。

それでも経済が成長し、競争も国内市場だけにとどまっている時代は問題も表面化しませんでした。しかし今日のグローバル化、ＩＣＴ（情報通信技術）の進化で必要な人員の取り合いが起こる一方で、余剰人員を抱えて何の対策も講じない企業はまず無いでしょう。実際に顕在化していなくても経営陣はなんとか余計な人件費を削り、競争力を高めたいと考えています。そうでないと彼ら自身の雇用（任用）が危ないのです。そのような中で、自分を世の中の平均以上の、いや自分の言い値で売ろうとしている行動が、他から見て滑稽にみえることが無いくらいに自分を高品質化することが絶対に必要なのです。

新卒候補者の方へ

新卒一括採用という日本独特の採用慣行が継続されている以上、その対象となる学生が如何にして希望の企業に入社するかを考えるために、その「お作法」に従いたいと思うことは当然でしょう。企業団体が決める就職協定、一時に大量の候補者を選別しなくてはならない必要から生じた奇策とも思える選抜方法、「スマホがないと就職活動ができない」ということしやかな都市伝説。日本の外から見ると奇奇怪怪を通り越しています。かく言う私もかつてはそのドラマの出演者でした。30歳くらいまでは、直接的間接的に新卒者の採用過程にかなり深く関与していました。ある時期からエントリーシートが履歴書に取って代わりました。確かソニーが先鞭をつけたと記憶しています。同社は学歴を選考項目にしない、と宣言した最初の日本企業であり、事業の先進性もさることながら採用活動でも世の中の先端を突っ走っていました。

現在では多くの会社がエントリーシートを採用しており、その書き方一つで書類選考の合否が決まるので、候補者は如何にして注目を集める用紙にするかを考えることに余念がありません。エントリーシートに限ったことではないですが、少なからぬ候補者が「学生時代に注力したこと」としてサークル活動かアルバイトにまつわる事柄を記述しています。「最上級生として、リーダーシップを発揮し……」「お客様のありがとうという言葉が嬉しくて……」と、市販のマニュアル本に書いてある通りの記述が並んでいます。もしこれほどリーダーシップに長けていて、顧客志向ができている人物が毎年何十万人も就職するならば、日本の産業界はもっと進化しても良いと思うのですが、現実はそうではありません。もっと突っ込めば、サークルとアルバイトをするためだったら何故大学に進学したのでしょうか。「友達を増やすため」「自分の将来をじっくり考えるため」であっても大学進学は必須ではありません。何もすべての授業で教室の最前列に座っていました、という言葉を期待しているわけではありませんが、講義で気になったことを徹底的に調べるとか、リベラルアーツ感覚を養うために哲学書をむさぼり読むとか、論理的思考法に慣れるためにディベートに取り組むとか、自分の血肉になることにもう少し時間を割いてほしいと思います。勿論、大切な友達を作る時間を無駄とは言いません。が、寧ろ大学生としての時間は将来の「稼ぐ力」を習得する貴重な時間ととらえて欲しいのです。授業料だけでも毎年数十万円から百万円を超える大金を納めているのですから、その果てがアルバイトとサークル、そして飲み会では費用対効果が悪いことこの上ありません。

この非生産性を是として職業に就くから、職場での更なる非生産性に疑問を持たないのではないでしょうか。記憶に頼る教育を脱して、徹底的に考える癖を大学時代にぜひ習得して欲しいと思います。

衝撃的な出来事

中途採用募集へ30歳のある応募者から、驚くようなメールでの問い合わせがあったので紹介します。

メール送信者：XXXX（先方のアドレス）

メール受信者：XXXX（わたくしのアドレス）

件名：質問なのですが……

本文：XXXX等はどうなっていますか。

この候補者は名の通った企業で技術系の社員として10年間勤務した方で、今回当社の営業職に応募してきました。しかし、いくら技術職であると言っても、あて名も、差出人名も書かず、「……」や用件のみで完了されると、こちらの頭がついていきません。ラインやメールが一般的になっても、ビジネス用の使い方も知っておいて欲しいと思うのは一方的すぎるでしょうか。

私は文部科学省管轄の現在の日本の教育を信じていない１人ですが、それでも挨拶をする、座ったら腰骨を立てる、履物をそろえる（前神戸大学教授　森信三先生の信念）に加えて、日本語で簡単な手紙を書くくらいのことはしっかり教えていただいても罰はあたらないと思います。それらを置いて他に初等教育で優先する事項は無いように思いますが如何でしょうか。

先に挙げたメール事件は極端な例かもしれませんが、実はこれに似たことはあちこちにあるようにも思います。そして事件は若者だけが起こすのではありません。自分の常識を世間の常識と勘違いしたり、自分の常識を優先したりするいい年をした男女がいることも確かです。たちが悪いのは「自分は正しい」という視点を変えようとしないことです。確かに世間が間違っていることもあります。日本の常識は世界の非常識と長らく言われ続けています。義務教育を終えた大人であれば、物事を一度俯瞰して、自分視点で進めて良いのかどうかを確認して欲しいと思います。

このＰＤＣＡ（Plan Do Check Action）サイクルを回す習慣がない人とは一緒にいて苦痛ですし、ビジネスパートナーとするにも気が引けます。自分を殺せとか常に気兼ねしろというのではありません。相手を自分同様にリスペクト（Respect ＝尊敬）する気持ちがあれば、時代や世代、文化国籍を問わず、自ずとある一定の規範が生まれてくると思います。この規範を習得しているかどうかということが、他者から仕事を委ねられる（雇用される）かどうかを決める最も基本的なことなのではないでしょうか。これは当たり前のこと過ぎて普通は話題にさえ上らないことですが、決して欠落は許されない事柄でしょう。

学歴格差

採用面接の具体的な話に入る前に、大学生などもうすぐ就職活動に取り掛かる方に向けて少しページを割かせていただきます。

ある調査によると、大学卒業者とそうでない方の生涯賃金は平均で５０００万円の差があるそうです。なるほど、これだけを見れば多くの若者並びにその親御さんが大学進学を希望することにも頷けます。大学卒業とそうでない場合の差、ということは昨今話題の「同一労働同一賃金」議論の中には含まれていないようです。（本音を言えば私は、本当に同一労働同一賃金で良いのですか?と思っています。地方と東京で働いている人の賃金が同じになったら、地方の企業は人件費負担に耐えられるのか、東京の人の生活は成り立つのだろうかと心配します。更に途上国から日本に来て、日本人と同じ量と質の仕事ができる人が登場したら企業は本当に同一労働同一賃金に従うでしょうか。寧ろ低い方の賃金に合わせるかも知れません。）

生産性が高く、より大きな付加価値を生み出す企業は給与上昇余力があります。そして企業が賃金を決めるのは生産性と生み出された付加価値によります。1人の社員を見た場合、企業は確保したい人の給与や他の条件を高くします。決して大学卒業だから高い給与を支払うというインセンティブは企業には働きません。あえて言えば新卒一括採用の慣習が定着した日本企業では、一定年齢までは学歴や年齢で給与を規定したほうが簡単手軽なだけです。いまや日本企業であっても成長軌道に乗っているところは、給与を個々人の成果によって決めていますし、寧ろ若手は「なぜPCさえ使えない中高年社員があんなに高い給与をもらっていて、自分たちの給与は不当に低く抑えられているのか」と不満さえ抱いています。大学卒業だから将来は安泰だというような前時代的な考え方では、とても今の世の中で職業を得ることはできないでしょう。そもそも文部科学省認定の卒業証書で如何ほどの生きる力、稼ぐ力がついたと保障できるのか甚だ疑問です。

そのような中で大学教育無償化が真面目に議論されています。これはポピュリズムに流れた政治家や官僚の好例です。彼らの大きな仕事の一つは、限られた予算をどのように配分するかですが、本当に自分たちの仕事の本質を分かっているとは思えません。

過日ニュースで「医療ケア」を話題にしていました。生まれながらにして医療の支援を受けなくてはならない寝たきりの子供が日本には何万人もいるそうです。家族は介護のために24時間つききりになります。その精神的肉体的疲労は想像に余りあります。そのような中で、寝たきりのお子さんを持つあるお母さんが、同じような親御さんの大変さを少しでも助けようと自身で受け入れ用のＮＰＯを設立しました。しかし、寝たきりの子供たちの体調は異変をきたしやすく、預け入れに来られない場合が少なくないとのことでした。そのためこのＮＰＯは赤字経営となり、何とその赤字は設立したお母さんが個人保証で銀行から借り入れて埋めているとのことでした。

自分も大学に行きたいが、その費用は借金し働いて返済します、だから税金は大学の無償化に使うのではなくて、自分より困っている人たちが人間としての威厳を失わないで暮らせるような施策に使ってください、といえる18歳ならば、金融機関はその人物を信用して、その人の将来に嬉々として投資するでしょう。そしてその投資を感謝できる人物ならば、同一労働同一賃金などという支援をもらわなくても十分な付加価値を創造する人物になると確信しています。

日本のキャリア教育はどうなっているのか

18歳で大学に入学して全てが解決するのではないことを、高校３年生になってからではなくて、もっと早くから若者に知らさなくてはなりません。その意味でも義務教育の課程で自分のキャリアや人生を徐々に深く考えさせる機会を与えることは不可欠です。

昨年、公共放送のニュース番組の特集の中で、次のようなテーマを扱っていました。
北海道で農業を営むAさんのお嬢さんは高校3年生。翌年は大学に進学し、将来はマスコミの仕事に就きたいと思っています。東京にある大学に行くためには生活費だけでも毎月10万円が必要です。Aさんは奥さんと日曜日も無く働いていますが、これから学費に加えて毎月10万円の仕送りはとてもできないので、お嬢さんに北海道内の大学に行って欲しいと考えています。しかしお嬢さんは「北海道にはマスコミ学科がある大学が無い」と難色を示しているとのことでした。このニュースの制作者の意図は、大学で勉強したいのに家庭の経済的な事情で進学できないのは可哀想、というものです。

マスコミや人材関連サービス会社が「天職」とか「能力発揮」という言葉で、世間を未だ良く知らない若者を煽るだけ煽っている様が見て取れます。それでいて、その天職に達するためにたどるべき道筋を示していません。実際多くの道がありますが、人生経験の限られた若者には全部を想像できません。だからマスコミ就職なら大学のマスコミ学科だ、と短絡的に考えてしまうことを単純に非難することはできません。

マスコミにも色々ありますが、例えばテレビ局に勤めて、芸能人など有名人のそばで働きたいと考えているとしましょう。ＡＤ（Assistant Director）が最も探しやすい職種の一つだと思います。では、ＡＤになるには本当にマスコミ学科で勉強するしか方法は無いのでしょうか。ＡＤの具体的な仕事は何でしょうか。ＡＤの本当の仕事の喜びや大変さを知っているでしょうか。ＡＤの次のステップはどうやって拓いていくのでしょうか等、後になってＡＤは自分の適職でないと思うようならば、自身も、ましてや親御さんがこれほど大きな経済的負担を背負った甲斐がありません。

仕事を選択する際に、自身のやりたいこと、能力を活かせること、価値観に合うこと等の視点は重要です。しかし、それだけでなく実際にその仕事を獲得するために必要な資源（金、時間、労力、努力、人脈）は何なのか、どうやってそれらを賄うのか、についても全部親任せ、国任せの姿勢を改めさせ自分の人生は自分で切り拓くという覚悟を18歳までには備えておくべきと思うのです。その基本姿勢を植えつけていないから、大学に入ってもコンパとサークル活動に忙しいだけの日々になりがちであり、企業に入ってもそこから与えられる仕事だけを右から左に処理するだけの作業に終始し、気がついたら自分で考えることのできない指示待ち人間になったりするのです。

企業としてはコストパフォーマンスが悪い（成果＜給与）人にはお引取り願いたいのですが、

実際に企業の本音を伝えると本人はそれを理不尽だと思うでしょうし、日本の法律では解雇は殆ど不可能です。ここに企業とお荷物社員の不幸が生まれます。「私が駄目なら、何故もっと早く言ってくれなかったのか」と恨み言を言うくらいなら可愛いものです。往々にして企業と社員の関係は泥沼化します。しかし当該社員が言うように、駄目なものは早く言ってあげる、ということが最も優しい対処だと思います。中高年になって社会や家庭での役割も重くなってからの最後通牒ほど残酷なものはありません。

転職できる人になる方法

人生100年、その内働く期間が20歳から70歳までの50年間、一方で企業の寿命は10年から精々20年。ということは好むと好まざるとに拘らず、これからは誰でも転職或いは起業、自営業者となることが一般的になっていきます。逆に言えば一生の間に一つの企業で勤め上げることができる人は稀な存在ということです。

ならば、最初から転職ができる、つまりそれぞれの年代、或いは人生のステージで企業が採用してくれる人になっておく必要があります。これまでのように学校卒業時が最も賢く、その後はその知識を減価償却して定年まで持ちこたえる、という方程式はもはや破たんしているのです。では、具体的にはどうしたらよいのか、以下に年代ごとに実行すべきと思われることの概略を示してみます。

⑴　誕生～義務教育期間

この間の教育が、その後の人生にとって最も大きな影響を及ぼすということは今後も変わりないでしょう。但し、これまでのように存在する答えを覚えて、それを如何に早く正確に再生するか、といった文部科学省ご用達の教育では全く埒が明きません。再三言うように、今は答えのない世界を航海していく方法を身に付けなくてはなりません。自分自身で、どこに行くのかを決める力を有し（ＷＨＡＴ構築力：慶応大学大学院　高橋俊介教授）、そのためにはどういう方法で、どのルートを採るのが最善か、そしてそれは何故かを説明でき、かつ皆を巻き込んでその航海を無事に完遂できる力（リーダーシップ＝leadership）の基礎を身に付ける非常に大切な時期です。暗記力、再生力だけを訓練する現在の教育は大きく見直し、かつ18歳までを義務教育とし、本当の「生きる力」をこの間に醸成することが必要となります。国の施策も徐々にこの方向に変わっていくでしょうが、何分暗記力、再生力だけで高学歴となり官僚になった人たちが教育制度を司っているのです。彼らが世代替わりしない限りは大きな変化は期待できそうにありません。ならば、仕方がない、自分でやるだけです。

(2) 高等教育課程

義務教育が終わって直ちに職業に就くことも立派なことです。ドイツでは中学相当の年代に大学進学コースと職人になるコースに分かれます。職人になるコースはおよそ18歳で終了し、その後就職します。この職人コースの仕組みが優れているからこそ、ものづくりドイツの底力が保たれているといっても過言ではありません。猫も杓子も名前だけの大学進学などしないのが、実利を重んじるドイツ流です。

一方、日本では大学無償化の議論が出ています（実はドイツも大学は無償ですが、学校制度や社会背景が全く異なるので、ここでは比較対象にはしません）。現在の大学生を見ていると、なんとも寒気がでるような政策議論でしかありません。分数のできない大学生をこれ以上増やしてどうなるというのでしょうか。飲み会やサークル活動だけに長けた人を作りたいのならば、巨額の公費を費やして大学無償化を実施する必要は全くないと思います。

米国では大学で勉強するために、私立であれば4年間で生活費も含めて数千万円単位の費用がかかります。これを多くの場合、学生自身がローンで調達し、就職後に返済していくのが普通です（現在では、このローンの返済が滞りがちで、経済の新しい火種になりかねない状況にあります）。つまり、米国の学生は大学卒という身分を得るために自分自身に大きな投資をするのです。だから、その投資を回収するために彼らは必死になって勉強し、良い就職先を見つけようとしたり、自ら起業するのです。この緊張感をもって勉強した人物と、上を向いていたら自然に飴玉が口の中に入ってきて喜んでいるのんびり屋さんとが競争したらどちらが勝つかは自明の理です。

世の中は正にグローバル時代。もはや教室の隣の席の「太郎君」が競争相手ではなく、真のライバルはあなたがこうしている間にも海の向こうで爪を研いでいます。その中で自身のキャリアを創っていくということをしっかり考えて欲しいのです。大学生の期間にはリベラルアーツ（教養）を身に付けるために哲学や古典に大いに触れて欲しいし、語学（英語＋もう１か国語）に費やす時間も就職した以降に比べれば、はるかに多く確保できるはずです。そして考え方、ロジカルシンキングの基礎をしっかり習得し、常にそれを訓練することが、その後の人生にどれほど寄与するか計り知れません。

(3) 就職後〜30歳前後

この約10年間は職業人としての基礎を創るうえで極めて重要です。まず、声を大にして言いたいのは、この間に会社（上司）のいうことだけをそつなく実行するＹＥＳマンになってしまっては、その後の人生は悲惨なものになる可能性が高い、ということです。

一つ例を挙げます。数年前に中堅若手のHRコンペンセイション・ポジションを募集した時のことです。有名私立大学を卒業し、大手電機メーカーで約10年間給与・報酬制度を担当していたという触れ込みで、ある方からの応募がありました。しかし実際に話を聞いてみると、彼が担当したのは自社オリジナルの給与計算システムの決められた箇所に、個々の社員の残業時間や扶養家族人数、その月に特別な控除項目を入力するだけで、給与計算自体は機械がやってくれるし、帳票も印刷してくれる。彼は印刷された明細を社員に配布する手配をするだけでした。大手企業故に自前のソフトウエアを開発する余裕があることも仇となってしまいました。彼はそのシステムしか知らないので汎用性がないのです。

これからAI（＝Artificial Intelligence＝人工知能）が普及して来れば、給与計算などすべてのプロセスが機械化されるでしょう。税率や社会保障費の掛け率など現在では専門家でないとなかなか実務に使用できない細かな制度内容もAIなら朝飯前です。時代がこのように進んでいるのに、10年来会社の言うように大人しくデータの入力だけをしてきた真面目な人たちを日本の企業はこれからどのようにしていくつもりでしょうか。企業が責任を取ってそのような方たちを一生雇用し続けることは残念ながらないでしょう。

企業、特に日本の大企業に入って会社の言うことだけを真面目にこなしてきた人たちの悲劇を繰り返してはならないと思います。働く人は、エッジの立った、つまり尖った人（他者にやみくもに反抗したり、危害を与えたりすることではなく）であり続けるように努力しなくてはなりません。

更に、この年代で考えておいて欲しいことがあります。それは、今後のキャリア形成の上で「自分をマーケティングする」ということです。私が学校を卒業して、千代田化工建設に入社する際に当時の人事課長から「Π（パイ）字型人間になれ」とアドバイスを頂きました。横棒はゼネラリスト。縦の二つは二つの専門性を持つことを意味します。実は当時でも「T字型人間になれ」と先進的な人材育成専門家たちは言っていました。ところが人事課長は「これからの時代は専門性を二つ持たないと競争に勝てない」と30年以上前に喝破していたのです。

因みに、同社は現在のリクルート社を思い出させるような先進的な人事施策を早くから実行していました。寧ろ「早すぎた」観さえあります。例えば退職金制度も42歳で退職すると金額が急に増えるような設計でした。「当社で20年も勤務したら、世の中のどこに出ても恥ずかしくない力が付くはず。その人材を当社だけが囲い込んでは世の中の損失になるから、意志のある者はどんどん出ていけ。そのために退職金もはずもう」というのが趣旨です。当時は「42歳定年制」として随分世間を賑わせたと聞いています。ただこの会社、世界的な大型プロジェクトに参画できる機会も多く、その過程で若手にもどんどん仕事を任せるし、それでいて些細な

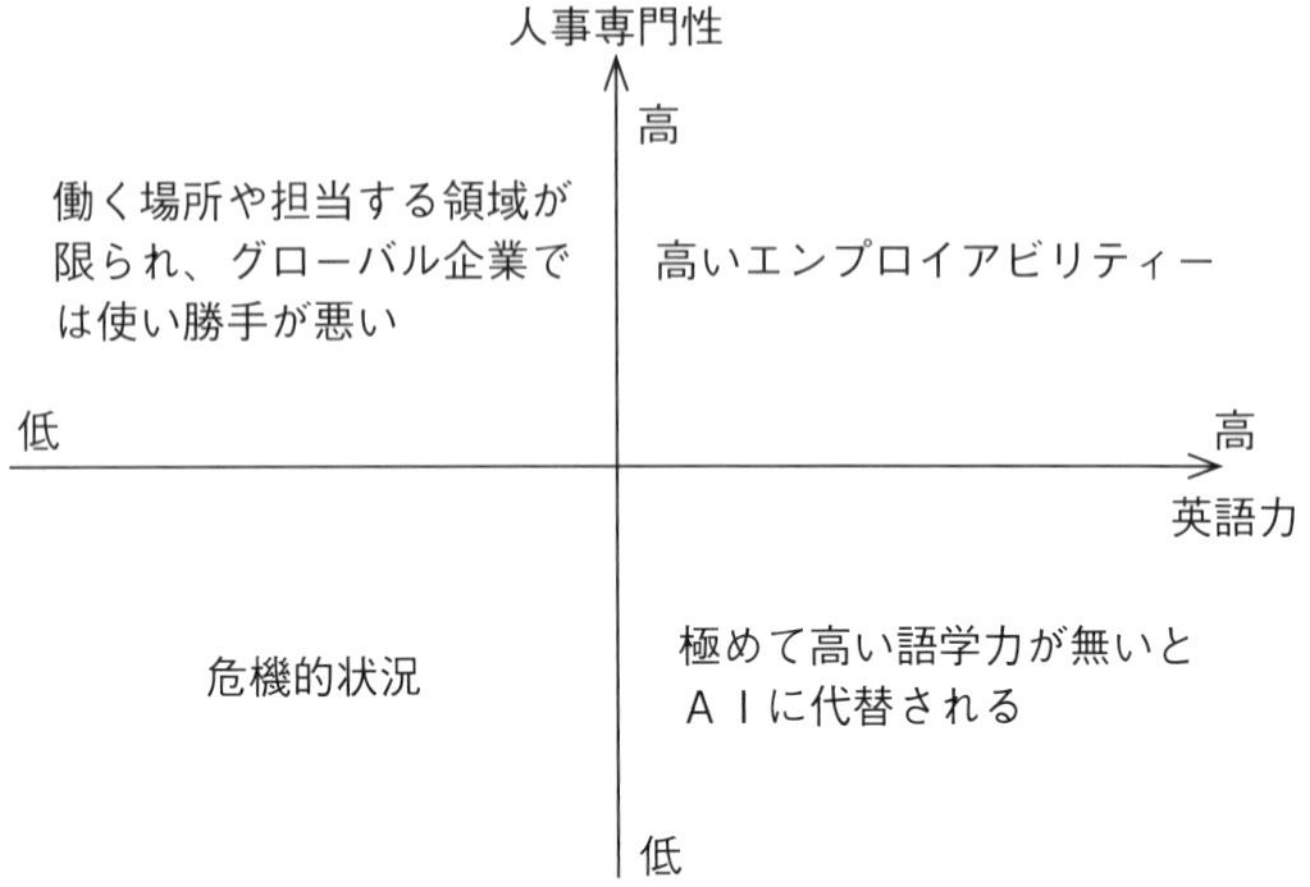

（図３）キャリアをマーケティングする〈例〉

注：Ｘ軸・Ｙ軸は、なるべく相関性が無いものが良い

ことは口やかましく言わない。つまり働く意欲の湧く会社なので、42歳で辞める人はほとんどいませんでした。

話を元に戻します。商品でもサービスでも競合品との差別化が必要です。価格が安いだけで選ばれる時代ではありません。高付加価値、高機能、使い勝手の良さ、耐久性など比較すべき項目は多岐に亘ります。消費者はその中から自分の好みに合うものを購入します。企業が人を採用する場合でも同じです。給与が同じならば、より付加価値をもたらすであろう人を採用します。その付加価値も一つより二つの方が有利です。

私の例で恐縮ですが、以下に記述してみます。私の専門分野は人事です。30年前は人事の仕事に英語は全く不要でした。日本の企業には外国人は殆ど勤務しておらず、いたとしても寧ろ日本語を話せる人しか採用しないことが多かったのです。しかし、私はいつかは海外勤務がしたかったので、英語だけはコツコツ勉強していました。いつ実現するか分からず、嫌になることも正直なところありました。

ところが、現在はどうでしょうか。グローバル化が進み、多くの日本企業も海外に子会社を設立し、日本からグローバル人事施策を展開するところも少なくありません。また逆に外国人が日本国内の外資系企業に雇用されることも多くなってきました。ここで不足するのが「英語ができる人事要員」です。おまけに海外駐在をさせていただいた経験から異文化との接し方、日本と主な国の考え方の違いなども分かっているので、言葉の上だけでは理解できない意思の疎通も苦になりません。

私は20年ほど前にキャリアデベロップメントアドバイザーの資格を取得した時から、自分をマーケティングすることの重要性と、その際にはマトリックスで考える、ということを推奨してきました。繰り返しになりますが、私が英語を勉強したのは海外で働きたいからであって、人事の仕事をするためではありませんでした。寧ろ人事は辛気臭くて嫌だ、とさえ思っていた私が、今安心して御飯が食べられるのも人事という縦軸と英語という横軸があるからこそと思っています（図３参照）。人事の領域も実務では採用・教育、制度、評価・報酬、労務、メ

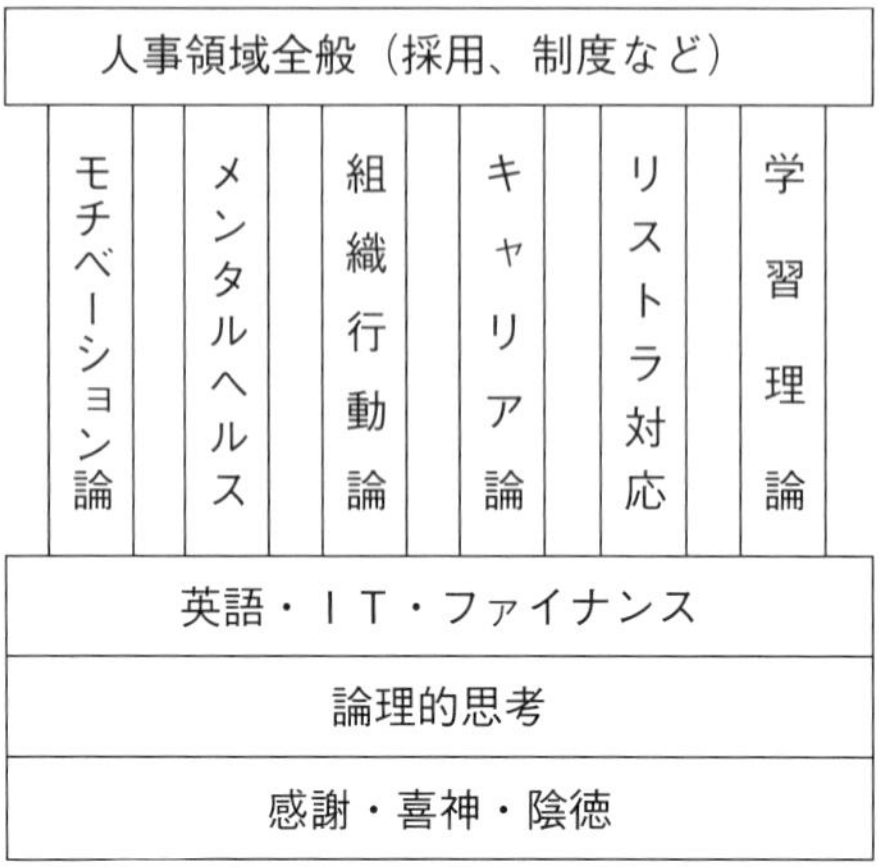

（図4）理想的なエンプロイアビリティーの例

ンタルヘルス等広いのです。学問的には組織行動やモチベーション、学習理論など、一つの項目で生涯をかけて研究する価値のある項目が山積です。全般で人並みの力量を持ち、かつその中でも特に強い分野を持つ必要があります。加えて派生的にファイナンスや総務を知っておくことも助けになります。自分のマトリックスを作って、何を縦軸にして横軸にするのか、そして各象限にはどんなスキルや知識をポジショニングしていくのか、これは正にマーケティングに他なりません（図4参照）。

(4) 30歳～40歳

この年代に方にはぜひ「学びなおし」をしていただきたいです。企業に勤務していれば、経験を積み、それぞれの部署で実務遂行の中心になって毎日忙しくしていることと思います。私生活では、家庭をもったり子供を授かっている人もいるでしょう。また、そろそろ親の老後の心配が始まる頃でもあります。人生の中で与えられる側（子供）から与える側（親）に自分の役割を変更していく重要な時期です。

一方でこれからの世の中の変化をまともに正面から受けざるを得ない大変な世代でもあります。２０１７年秋、日本のメガバンクが相次いで「フィンテック（ＩＴを駆使した金融サービス）の進歩に対応すべく、行員を減らしていく」と発表しました。みずほ銀行で今後10年間で３万人を削減するのを始め、三菱ＵＦＪ銀行、三井住友銀行でも同様のリストラクチャリング計画が発表されました。しかし、企業再生や起業支援で力を発揮されている株式会社経営共創基盤ＣＥＯの冨山和彦氏などの識者によれば、この計画は全く甘く、５年以内に３万人、10年で見れば現在雇用されている70％の人員は不要になるだろうとのことです。

これから僅か10年で、風景が全く変わってくるのです。10年から20年前に入社した時には、大学生の就職希望先ランキングで最上位の会社に入ることができ、自身の誇りはもちろん周囲の皆が羨望のまなざしさえ送ってくれた超優良企業が、あと10年で様変わりするというのです。今すぐに自分自身が現在勤めている企業で習得した、その企業でしか通用しない最適解を捨て、変身しなくては世の中に自分を雇ってくれる企業がなくなるという切羽詰まった話なのです。現在の銀行業務に適しすぎている人、つまり自分が勤める銀行の業務に精通するあまり、汎用性が無いスキルや知識しか持っていない人は最も危険です。悪いことにこのような人こそ組織内での人事評価では高得点を得ており、自身も周囲もその危険性に気付かず寧ろ逆に「自分は大丈夫」と思い込む危険さえあります。更に困ったことに、このような一流企業に勤務している方の多くは、何が世界標準で何が自社でしか通用しないスキルなのかが分かっていないことも少なくありません。自身の技術・スキルの棚卸が急務です。

トヨタ自動車の例も挙げます。日本を代表する超優良企業が今非常な危機感を持っていることをご存じでしょうか。その表れの一つが、同社の中央研究所が米国シリコンバレーにある、という事実です。名古屋でもなく東京でもなく、なぜシリコンバレーなのでしょうか。同社はハイブリッドカーで世界に先駆け、水素燃料電池車でも先端技術を有しています。しかしEV（電気自動車）の普及は早くても7～8年後と予想していました。これが大誤算であると気付いたのです。GMやVOLVOは2019年からEVの実用化を始めると言っています。自動運転もAUDIは最上級クラスにレベル4の技術を搭載し、グーグルやアップルといった異業種も参戦するどころか、既にトヨタのレベルを大きく上回っているようです。トヨタは10年後も果たして自動車メーカーであり続けることができるのか。この命題はトヨタという会社だけのものではなく、当然そこに働く世間的に見て平均以上に優秀な社員全員の命題でもあるのです。如何にトヨタの優良社員であっても、世の中の変化は容赦なくその地位を脅かすのです。

トヨタのなりふり構わぬ姿勢を示すもう一つの例が、列車内に掲示した採用募集広告です。キヤノンやソニーといった画像解析技術を保有する社員が毎日通勤に使う列車の中にトヨタが技術者社員募集の広告を掲載したのです。ターゲットは決して内燃機関や機械工学のエンジニアではありません。毎日の業務に精励しながらも、世の中の変化をタイムリーに感じ取り、新しい時代の中で活躍するための自画像を常にイメージすることが重要になっています。

フィンテックやＡＩ、自動運転といった極めて大きな地殻変動をもたらす変化でなくても、この年代は、これまでの慣習を一度捨てる勇気を持つことが必要でしょう。丁度ヤドカリが家を換えるように、住み慣れたそしてやりなれた手法に別れを告げることが必要な世代です。大学院に行くのも良し、ベンチャー企業に転職して一から自分を見直すことでも良いでしょう。とにかく既定路線から外れて自分の力量を客観視し、そのうえで力をどれだけ上乗せすべきかを真剣に考え実行しなくてはなりません。

この年代は、企業内では最も自信家になる頃です。かといって人物を練るにはもう少し時間がかかるので、生意気な言動を取りがちな世代でもあります。野心をもち、将来は自分の思い通りになる、とさえ夢を描ける世代でもあります。この時に、ちまちま周囲に遠慮して自己表現をしない人に将来は無い、と思っても良いでしょう（但し、同時に謙虚さも忘れてはなりません）。この自信をそのままにしないで、新たな挑戦を始めることこそ、自らの将来を切り拓く最善の方法です。座していては死を待つばかりです。

(5) 40歳〜50歳

この世代は、組織の中では責任ある決断や判断を日々の業務の中でこなし、役職やポジションは異なれど、それぞれの位置で組織の船頭役を務めている人が多いと思います。役員という組織の最上位が見えている人もいれば、残念ながら出世はあきらめて他に価値あることを見つけなくてはならないと薄々感じるような世代でもあります。中には(かつての私のように)薄々感じている勝者の道から外れることを自分で認めたくなくて、もがく人もいるかもしれません。何れにせよ組織内での競争が中盤以降にさしかかり、そろそろゴールが微かに見え始める頃です。

この時に、前の世代できちんと学びなおしを行っていれば、新しい技術や手法が流通するようになった時でも、まだまだひと花、ふた花咲かせることが可能です。逆にこれまでの延長上に明日があり、自分はこれだけ頑張ってきたのだから十分な対価と扱いを得て当然だ、と独りよがりな考えから脱却できなければ、残念ながらこのような人の行きつく先は見えています。この年代は、もしかしたらシンギュラリティー(技術的特異点。科学技術の発達により人間の生活が大きく変わるといわれている)の到来前にリタイアしても生活できるだけの蓄財を得ることができるかもしれないし、もしかしたら洗礼を受けるかもしれません。丁度端境期の世代です。

だから将来に備えるという危機感が若い世代よりは少ないかもしれませんが、加速度的に科学技術が進化する今日にあって、何よりも危険なことは現状に留まっておくことです。停滞は後退を意味します。周囲がものすごいスピードで前進していることを忘れないでください。この世代であっても前の世代と同様に自身を本当の意味で進化させる行動に出ることが必要なのです。

(6) 50歳～70歳

この世代は逃げ切り世代、と多くの人が思うでしょう。汎用的なＡＩが出てくるのは、２０３０年代と言われているので、あと10年～20年の余裕があります。その間にこの人たちは悠々自適の生活に入っているかもしれません。１００歳まで生きても案外裕福な生活ができる期待があります。金銭的には不自由ないかもしれませんが、では精神的な満足はどうでしょうか。

「虎は死して皮を残す」「人は有限、芸術は無限」と言います。「人はパンのみにて生くるにあらず」と聖書にもあります。つまり物質だけで幸せな老後が送れるか、ということです。学校を卒業して50年、いろいろな人々にお世話になり、諸先輩からご指導いただき、家族の支えがあったからこそ、今この港に帰ってくることができたのでしょう。帰港したことだけを手放しで喜ぶだけでよいのでしょうか。自分が航海した軌跡を振り返った時に、自らが受けたご恩を後輩や社会にきちんと還元してきたでしょうか。貰い得のまま航海を終えようとしていないですか。この点をしっかり見極める必要があると思います。

この年代の責務は何といっても後進の指導であり、文化や伝統を次の世代に継承するために先達から受け継いだバトンをしっかり次の世代に渡すことです。この責務を忘れて自身のリタイア生活の安寧だけを考えることで、果たして精神的な幸福を感じることができるものでしょうか。周囲から尊敬されますか。人間が社会的動物と言われる所以は、自分の言動や存在が周囲の人々の役に立っていることを、自らの重要な存在意義と考えることができるからだと思います。他者への貢献意欲が無くなってしまった人間は、もはや人間ではないとさえ思いますが如何でしょうか。今一度自分の来し方を振り返り、借金（先達からのご恩）に利子をつけて返済したかどうかをしっかり検証する年代でもあるでしょう。

企業の人事部から見た転職候補者

何の縁か、長らく人事領域の仕事に携わってきました。採用活動も新卒、中途を問わず担当し、１０００人以上の採用に関与し、履歴書・職務経歴書を拝見したり、実際にお目にかかった候補者は、おそらく1万人はいると思います。加えて、私自身現在の会社が10社目であり、企業人としての他にも横浜市泉区遊林寺僧侶、途上国の子供たちを支援するＮＰＯアジア教育友好協会メンバーなどの肩書を持ちます。幸い、このようにいろいろな方面から人を観察する機会を多く持った御陰で、転職者の姿勢や考え方を割合早く分析でき、この方はどの企業で働いても成果を残すことができるだろう、という目利きがかなりの確率でできるようになりました。

20代前半までの若い方であれば、専門性云々よりも「明るく素直で元気」という資質に目が向けられるでしょう。これは、何も仕事遂行能力が不要だと言っているのではありません。逆に「明るく素直で元気」だからこそ、新しい知識をどんどん吸収し、試行錯誤を厭わず、積極的に物事に挑戦できるのだと思います。世の中や他者を斜めに見たり、優越感・被害者意識で固まったような若者が、大きく成長していくことはなかなか困難だと思うのです。

職業について10年程度経った方ならば、おそらく最も生意気盛りであるはずです。働くということに慣れ、自分のスタイルが一見出来上がったように思え、そして自分の得意とする分野がそろそろ分かる頃だからです。逆にこの年代で、「明るく素直で元気」だけだと、ちょっと心もとない。周囲から可愛がられるだけでは、結局良いように小間使いさせられて終わってしまう危険があります。しかし、私が最も危惧するのはこの年代のキャリア形成です。特に有名大企業と言われる伝統的な日本企業で10年も働くと、おそらく予定調和的な考え方が染みつき、自分の専門と言ってもその企業内部にしか通用しないもの（例えば会計システムの運用。ＩＦＲＳ基準で作っていても、汎用的でない自社特有のシステムに慣れているだけでは、世の中での希少価値は無い）を疑うことなく使用し続けることで考える力が衰退し、極端な場合では30歳前後にして既に労働市場から忘れ去られることさえあるでしょう。

40歳前後の働き盛りと言われる人たちはどうでしょうか。特に高学歴で大企業に入り、どうやればよいか（how）だけを身に付け、逆に何をする（what）ことが企業や自分の成長につながるのかを考えられなくなっている場合、この年代の人たちを再生することはかなり困難でしょう。今、どのような形態の組織でも求めているのは「変革できる人（Game Changer）」です。大きな組織の中でつつがなく身の回りのことを処理してきた人ほど、いったん組織外に出ると使いづらい人はありません。この危機的状況を打破するための方法の一つがリカレント教育なのです。働きながらでも良いので、社外で新しい考え方、行動様式、新技術の学びなおしを手遅れにならないタイミングで実行する必要があります。

先に、特に40歳前後の方は組織の変革者として活躍することが求められている、と書きました。一方で「転職は35歳まで」という転職適齢期が長らく信奉されてきたのも事実です。昨今こそ少子高齢化の中で企業が人の獲得競争をしなくてはならず、きちんと実績と経験を積み上げてきた中高年者を中途採用するケースも増えてきましたが、本音を言えばそのような企業でも年齢は若い方が良い、と思っています。

例えば人材紹介サービスを使った場合、採用者の年収の35％前後の報酬を請求されるのですから、定年間近の人を採用するよりも長期的に勤務できる人を採用したいと思うのはごく自然に思えます。が、しかし本当のところは単なるコストの問題ではないのです。昨今の売り手市場では当初のターゲット要件を完全に満たさない人や企業が希望する年齢層に入らない場合でも採用基準を少し広げ、或いは企業のビジョンと合致しないものを求める候補者を無理して採用することがあります。しかし、多くの場合その採用はうまくいきません。

何故ならば、その候補者が過去から離れることができないからです。過去に習得した経験をアンラーニング（忘れる）して、新しい事柄に挑戦することを実行できない人、経験の中で言い訳だけできるようになっている人は、新天地で成果を出すことは殆ど不可能に近いのです。

組織で20年〜30年働いてきたのだから、それなりの経験やスキルを持っているとは思うのですが、世の中や競争環境の変化に伴って自分が持っているものを一旦ゼロクリアする勇気を持てないことが仇となっているようです。従来の自分のやり方にしがみつく以外に自分のアイデンティティーを守る術を持たない場合には、自分の内部に変革の波を起こすことは大変困難でしょう。

「自分はこのやり方で生きてきた」と誇りを持っていただくのは結構なのですが、それだけに固執していては時代の流れに乗ることはできません。この年代こそ再び「明るく元気で素直」な心持を思い出し、前垂れ精神で初心に帰ることをお薦めします。「実るほど頭を垂れる稲穂かな」です。元来、いろいろな引出しをご自身の中に持っている人たちなので、謙虚であれば周囲も教えを乞いに近づいて来ます。その代わりに例え相手が年下であっても分からないことは「これ教えて」といえば良いのです。聞かれた方は寧ろ自身の存在意義を確認できて喜ぶでしょう。

中高年になったら見栄や虚栄心を捨て（隠し）、自身が何を以ってこの組織に貢献できるかを考え、そして自身が生きてきた証をどのようにしてこの組織に残すかを考えることが必要です。自身の技量に更に磨きをかけなくてはなりませんが、それを単に自己栄達のためだけに使おうと思った時点で、自身の組織における価値は急降下することを忘れてはなりません。

聖書に「塩の道」という話があります。塩はそのまま食べても辛いだけで何ら美味しくありません。しかし、塩は殆どの料理に欠かすことができない貴重品です。ほんの少しスープに入れるだけでそのスープの味が引き立ちます。誰もが「ああ、このスープは塩味が良く効いていておいしいですね」と言ってくれます。しかし、その時塩の姿はどこにも見えません。自身の姿を消した時こそ、塩はスープの味を引き立たせ、人々に喜ばれるのです。私も年齢を重ねるごとに、かくありたいと思うところです。

当社の採用面接

さて、ここからは当社の場合を例にとり具体的な採用プロセスを紹介します。「敵を知り己を知れば百戦殆うからず」ですから企業の内幕を知ってから採用面接を受ける際の作戦を構築する一助になれば幸いです。

当社の場合、事務所があるのは横浜だけですが、採用候補者の現住所は全国各地に及びます。そして採用数も1、２人ではないので、面接のたびに横浜においでいただくのは双方にとって非効率ということもあり、候補者との最初の接触は電話によるインタビューとさせていただいています。「電話なんかで、人柄が判るのか」と訝しく思われるかもしれませんが、インタビューを通って、２次（各地域のリーダーとの営業同行。リーダーも人物評価しますが、候補者にもリーダーとの相性や実際の仕事をみて、これは楽しくやれそうかどうかを判断してもらいます。入社後候補者が「こんなはずではなかった」と思うことが発生しないようにするための方策です）選考を通過しない方は10人に1人もいません。

何故でしょうか。当社では成果を出せる人物像の共有が現場と人事の間で十二分にできているからです。当社では高い成果を出している人物の特性（コンピテンシー）を抜き出し現場と共有することで、採用したい人物のイメージがはっきり分かっています。あとの要素はほとんど好きか嫌いか（一緒に仕事をしたいかどうか）という、人間の本能的な部分となるのです。WUERTH（日本語ではウルトと発音します）社ではグローバルで共通の企業価値（VALUE）を決めており、各国の拠点でその価値がしっかり浸透しているので、人により捉え方が大きく異なることはあまりありません。

最終面談は候補者に横浜に来ていただきますが、まずは物流倉庫を見ていただいて、仮にご自身が入社し、営業活動した結果、その受注がどのように処理され、出荷されるのかのイメージを持っていただきます。次に、給与制度の詳細説明。歩合給の割合が比較的高いので、特に仕組みと現存の社員の実績を例示しながら説明します。歩合の金額保証はできませんが、前向きに取り組んでいただければ恐れるに足らずということを感じていただくようにしています。

その後、社長と営業部長による「面談」です。私たちが大切にするVALUE（価値）の一つに「実直さと清廉潔白さ」があります。私たちは図らずも卑怯者とか嘘をついただろう、と言われたくない人々の集団なのです。それゆえ面談でも我々の夢や長所は話しますが、短所、課題も可能な限り開示し、そのうえで共に成長していっていただけるかどうかを「候補者、経営者双方が互いを評価して」決める場となっています。１次、２次の選考を通過しているので候補者は、リラックスして面談に臨んでいる（ように）見えます。企業が候補者を選別するという意識はありません。逆に候補者に跪いて三顧の礼でお迎えするということもありません。両者がWin Winになることができる採用なのか、入社の申込なのかをお互いに確認する場と考えています。

つまり最終選考を、私たちとしては当社での業務に対するモチベーションを上げ、候補者自身が「この会社に入ったら、こんな活動をして、自分のこんな夢をかなえたい」というイメージを持ちながら家路についていただくような演出の場と考えています。面談中に採用内定のコミット（確約）はできませんが、採用プロセスを選別ではなく、候補者のキャリアを創り会社の未来を創造する場ととらえていることが分かっていただけると思います。

面接の受け方

労働市場の動向、つまり買い手市場か売り手市場かによって採用プロセスを毀誉褒貶させる企業が少なくない中で、当社のプロセスは候補者を尊重した（大げさに言えば候補者の尊厳を保証する）ものだと自負しています。

では、逆に候補者には採用面接を受けるためにどのような準備をして欲しいかを示します。これは当社に対する特有の準備ではなく、採用面接全般について言えることです。（当社の場合、現在は新卒採用はしないので、以下は中途採用候補者向けの記述です）。

企業研究

どうやって、応募したい企業を見つけたかによらず、その企業についてなるべく多くの情報を得ることが就職活動の始点になります。それは、候補者が相手（企業）を知ることで、企業が求める人物像をイメージし、そのイメージと自分のこれまでの経験や知見の一致するところを抽出する作業に取り掛かることができるからです。

では、どうやって必要な情報を得ればよいのでしょうか。もっとも簡単なことはインターネットを使って企業のホームページ（ＨＰ）を見ることです。昨今では中小企業でも大方の場合ＨＰを作成しています。ここから、企業の歴史、業態、業容、取り扱い商品やサービス等を読み込むのは当然ですが、この企業は何を目指して、つまり何のために存在しているのかを掴むことが重要です。企業の理念を掴むことです。

案外この理念に共感できるかどうかが、その後の就職活動を左右します。給与や福利厚生といった点も無視できませんが、一方で人間はなかなか自分自身を騙すことは上手くなくて、やはり自分がいいなと心底思えることに（当然一人ひとり異なりますが）最終的には加担したくなるのではないでしょうか。自動車が好きな人は、公害云々と言われてもやはり自動車が好きで、自動車を無くすると考えるのではなく、公害のない自動車をつくるという視点を持っていいます。ＥＶがそうですし、車が交通事故を起こさないために自動運転技術を開発してしまいます。この自分の「思い」を貫くことができる企業かどうかをしっかり吟味することが、当該企業のみならず、就職活動全般において自分の気持ちと向き合う姿勢を醸成します。流行語のように「天職」と唱えるだけの助言からは得られないような就職力を知らず知らずに身に付けてくれます。

企業にしても、自分の会社のことをよく調べている人には好感を持ちますし、一生懸命調べたことが判れば、仕事も同じように前向きに取り組んでくれるだろうと期待するのは人情でしょう。その企業のことだけでなく、競合他社、業界といった情報も仕入れてください。調べても分からないことがあれば企業とのインタビュー時に質問すればよいのです。企業特有のスキャンダル（週刊誌ネタ）を質問されるのは喜ばない企業でも、今後の課題（人口減にどう対応するか等）や的を射た質問は、候補者への好感度を高めます。更に、自動車業界企業を志望するなら、直接関係なくても自動車販売店を覗いてみる、車に触ってみるといった一見余計なこともしてみて、自分の気持ちを高めていくこともプラスに働くと思います。

職務経歴書

企業の求人募集要項をよく読んで、どのような人物を採用したいと思っているのかをイメージしてください。そのうえで、自分がそのイメージに如何に近い人物か、経験をしてきたかを表現するのです。

例えば、営業職の場合、最低でも次のような事柄の記述は欲しいところです。

①過去の営業実績（年間目標と年間売り上げの数値）
②競合他社の商品やサービスと自社のそれらとの差別化を如何に行ったか

③　年間目標を達成するために、どのような活動計画、資料を作成し、どのような営業活動をしたか

④　実績が目標とかい離しそうになった時には、どのような対策を打って挽回したか

もし、前職で非常に売りにくいもの（低品質、高価だが不要不急のもの、競合他社が非常に多く、かつ自社製品は業界でも下位のもの）を営業した経験があるなら、それにも拘らずこれだけの実績を上げたということが書ければ、大きなプラスポイントとなります。ハンデを持っていてこれだけできたなら、高品質で価格競争力のある当社品を結構売ってくれるのではないか、と期待できるからです。

しかし中には「私の取り柄は笑顔です」とか「コミュニケーションが得意です」とだけ記述している（特に若手）人がいます。正直なところ、これらは全く無駄な記述です。笑顔やコミュニケーションを武器に何を達成したかを書いて欲しいのです。でないと、「笑顔が素敵なら、ＸＸＸハンバーガーショップに就職したら？」と皮肉を言いたくなってしまいます。この程度しか書けないということは、その程度しか仕事をしてこなかったとみなされても仕方がありません。本当に毎日一生懸命物事に取り組んでいれば、こんな簡単な言葉で自分自身の頑張りや喜び、苦労を表現できるわけがないと思います。狂喜乱舞したこと、悪戦苦闘したことを

教えて欲しいのです。その姿勢に職務経歴書の読み手が共感できるかどうかが重要なのです。少なくても当社の場合、経験や業界は異なっても入社後も真摯に仕事に取り組んでもらえるかどうかをイメージしながら拝読しています。

同様に当社への志望動機として「自動車が好きだから」を挙げる方が少なくありません。当社を知ったきっかけはそれでも良いのですが、志望動機となるともっと突っ込んで欲しいものです。「御社の2020ビジョンを実現する一員となりたい」とでも言っていただければ話は盛り上がります。

更に、自分のことを置いて言えた義理ではありませんが、やはり文章は基本に忠実に書くことが大切です。主語と述語が一致しない文章は、その人柄を想像させてしまいます。仮に人材紹介サービスを経てこの候補者が紹介された場合、本来ならばキャリア・アドバイザー（CA）が指摘し加筆訂正を助言すべきですが、何分にも多くの場合、彼ら自身が職業に就いたばかりのひよっこで、他者にアドバイスできるような力量がありません。極めつけは彼らが作成する推薦文が描く、日本語になっていなかったり誤字脱字があったりで、候補者の顔に泥を塗るケースも散見されます。私はCAたちにそのことをあからさまに指摘するので、彼らからは要注意クライアントとみなされているかもしれません。しかし、そのうるささに負けないで半年も付き合ってくれると、どのＣＡも相手に真意が通じるきちんとした文章を書いてくるようになります。

１次面接

書類選考を通過したら、いよいよ面接です。当社の場合は電話インタビューですが、多くの場合は企業を訪問して直接担当者に会うことになります。いくら昨今のような売り手市場でも候補者としては緊張する瞬間でしょう。

私事で恐縮ですが、私のように10回も転職しても（採用面接は10社以上で受けているので、いい加減慣れてもよさそうですが）それでも面接は都度緊張しました。

だから緊張するな、という助言は何ら役に立たないことは百も承知です。しかし、面接を受けることを繰り返していると、同じ緊張でも徐々にその内容が変わってきたように思います。つまり最初のうちは、文字通りの緊張。多くの皆さんが経験する「あれ」です。

ところが、回を重ねるに従って徐々に心地よい緊張になってきました。奇妙に思われるかもしれませんが、ベートーベン交響曲第九番の「合唱」を歌うために（40代後半に何回か歌ったことがあります）ステージに上がって聴衆から見られ、そして歌を通して自分を表現できる高揚感とでもいう「これ」です。

この企業に入って、こんなことをしたい、これまで経験できなかったことが経験できるかもしれない、もし小さな企業なら大きくしていって新たな仲間たちと目標達成の祝杯をあげたい、など自分が貢献する姿を思い描くのです。正直なところ転職するということは、以前勤務していた会社で何らかか負の事情があった場合が少なくありません。そのマイナスイメージを自身の体から解放させる又とない良い機会であり、そしてその解放のために自分が新しい組織で如何に多くの付加価値を提供できるか、自己表現できるかの新しいステージを与えていただけるオーディションと思ったらどうでしょうか。スポットライトを浴びて100人のオーケストラを率いて第九を歌うなんてワクワクするどころではありません。心臓バクバク、でも楽しいこと請け合いです。もしどうしても嫌なら自分がステージに立っているイメージだけで聴衆はゼロ、音楽はカラオケでも良いです。事実就職はあなたが自身の人生をつくる一大ステージなのです。

但し、候補者が1人で悦に入ってはいけません。面接者はやはり面前にいるのです。この人（人々）を魅了するための準備は当然必要です。

①ワクワク感（緊張）を高めて面接に臨むこと

少し緊張して臨むくらいが丁度よいのです。調子に乗って、話がだらだらと収拾つかなくなっても困ります。

②想定問答の準備をすること

志望動機、そして成果を出すために工夫したこと等は当然聞かれるのだから、回答案を文章にして整理することは重要です。仕事内容なんて実際経験済みだから何時でも言えるとは考えないでください。

③プレゼンテーションを持参する（最終面接の時でも構いません）

特にハイポジションに挑戦の場合は、自分がそのポジションに就いたらこれをやる、というコミットメントをパワーポイント数枚に纏めると熱心さが伝わります。案外実行しない人が多いので逆に実行すると企業に印象を残すことができます。勿論、入社してみないとその会社の実態は分からないので、完全なプレゼンテーションはできないでしょう。業界研究や企業研究を通して知り得た公知の事実を基に自分で仮説を立てるのです。プレゼンテーションの内容が正しいかどうかではなく、面接に来ている当社への思いがどれほど強いのかを見る指標となります。加えて、プレゼンテーションの構成が論理的かどうかもポイントになります。

最終面接

先ほど転職組には脛に傷持つ方も多いと書きました。私自身もそうですから、傷持つ方の気持ちゃ、採用面接時にその傷の内容を聞かれると回答に窮することがあることも理解していま す。しかし、だからと言って企業側がその傷を避けてくれるかといえば、そんなことはありま せん。寧ろ傷に塩を塗って候補者の反応を見たいというのが人情です。面接官も人の子、他人の不幸は蜜の味、なのです。

では、候補者としてもその傷を如何に名誉の負傷、と見せるかを考える必要があります。嘘はだめですが、少々の化粧は許されます。美形アイドルが整形手術をしていたことが判ったら断然週刊誌ネタですが、化粧をしたからと言って誰も文句どころか話題にもなりません。しかし、すっぴんだとこれまた恰好の話題になるのと同じです。

私は企業再編のためにこれまで通算300人以上の方に遺憾ながら辞めていただくための面談と通知を行いました。「月夜の晩だけじゃあないぞ」というどすの効いた言葉を初めて聞いたのは25歳の時でした。

ところが人生は「糾(あざな)える縄のごとし」で50歳の時には私自身が企業側から引導を

渡されました。再就職活動の面接では、当然退職理由を訊かれます。「事業の再編成に伴って私のポジションが無くなった」と回答して「はい、そうですか」と言ってくれる面接官は大変おおらかな方（皮肉：たぶん問題把握能力が弱い）で、私が面接官であっても「貴方が本当に力のある方であれば、貴方を他のポジションに移してでも企業内に留まらせると思います。そして貴方にポジションを奪われた人が職を失うのではないか」と問うでしょう。ここで口先だけで「いや私は人事部長で、人事部自体がなくなる……」と回答しても面接官は「営業部長でも良いではないか、力があるなら1年、2年でキャッチアップするはずだ。事実当社の副社長は技術者だが、現在は営業、財務など事務系部門の管掌だ」と切り返されてしまいます。

先の問いに対する私の回答は「①後進に道を譲る。自分が後継者と目して支援した人物が成長して、自分の役割はひと段落した　②新たに育成すべき後進候補を見つけたい　③これまでの知見を活かして、自分が貢献できる場を得たい」というようなものであったと記憶しています。これとて実際に思っていなくて、急に訊かれたら多分言えないでしょう。頭の中を整理し、準備をすることの重要さを知っていただきたいことと同時に相手の質問を逆手にとり、幾つになっても前向きに取り組むという姿勢を見せるための武器として、逆に利用することができる例として示したいと思います。

面接での質疑応答がマニュアル化されていることを嘆くコメントをよく聞きます。本当に誰に聞いても紋切り調の回答しかしない場合は話を聞いていても眠くなってしまいます。中途採用であっても新卒であっても自分の経験を深堀し、それを演じてきた主人公として面接官に貴方の真剣勝負のステージを見せて欲しいものです。

転職時の不利は解消できる

採用活動のために毎日何人もの職務経歴書を拝見していると、大学は出たけれどフリーターとして生活するための給料だけを得て10年経った人とか「生きる力を身に付ける」授業を高校までに何時間かは受けているにも拘らず、30歳になっても親に依存して生活していることがはっきり分かるような人が少なからずいます。今からでも遅くは無いですが、何故もっと早くに自身の人生やキャリアを考える機会、或いは考えさせる場を与えられなかったのだろうかと残念に思うことしきりです。これらの人々に芯があって、確信をもって今の生活をしているのならばまだしも、何となく昨日の延長で今日も暮らしています、というのでは極めてもったいないと思います。

ところが先日当社に届いた候補者の職務経歴書の最後に「私は学歴も無く（大学中退）、資格も（普通免許以外）何も持っていません。平均的な応募者と比べると魅力的ではないと思いますが、この年齢（30代後半）になって人生をやり直さなくてはならない、と真剣に思い、一生懸命企業研究をしていたときに御社にめぐり合いました……」と書いたものに出会いました。殆どの場合、ありきたりの表現と一笑に付して横に弾かれる職務経歴書でしょうが、偶々そのときの私の虫の居所が良かったのか、何故かその文章から本気度を感じ、ご本人と面談することになりました。その方の思いの強さが新しい世界への扉をこじ開けたと言えると思います。

「自分なんか、何にも特技が無いから駄目だ」と勝手に考えないでください。また、「何も無い」のは誰かが貴方から何かを盗んだからではなく、貴方の意思で何も得てこなかったのだから、その事実は受け止めてください。その上で、自分の人生をどう創っていくのか、言葉が大げさならば、どうやって生きる糧を自分で得ていくのかを考えてください。誰かが助言してくれるかもしれませんが、最後に決断することは自分にしかできません。いくら売り手市場であっても、自分がしっかりしていない人を雇うほど企業はお人好しではありません。（語弊はありますが）嘘でも、その仕事がしたいという熱心さを見せなくてはなりません。そのための方法としては、その会社のことを良く調べる、自分なりにその企業を更に良くするための提案書を書く（そのためには企業研究が必須です。１００％思い込みだけで書いたのでは、かえって真摯さを疑われます）、その企業の商品を使ってみて感じたことを書く等方法はいくつもあります。

面接に呼ばれたので、席に座って単に面接官の質問に答えるだけで本当に全力を尽くしたと自分で思えるでしょうか。「まあ、ここが駄目でも他を当たれば良いか」では駄目です。一社入魂、の気持ちで臨んでください。面接に呼ばれたら役者が舞台に立つ前に緊張しつつも気合を充満させるように、自分の体内エネルギーを最高度にしなくてはなりません。ヘラヘラしてはいけません。貴方の人生がこれからの数十分で変わるかもしれないのです。

失業したときに何をするか

50歳を超えて5社を渡り歩いた私ですが、幸い1回を除いて退職と再就職の間が空いたことはありません。逆に言うと1回だけ「浪人」になったことがあるのです。２０１４年3月から２０１４年4月の2か月間です。

前職は組織再編のためリストラとなりました。そんなことは早くから分かっていたので早期に再就職活動をすればよかったのですが、何故かそのときだけは早めの行動ができなくて、結局無職となってしまいました。が、焦りは無く、寧ろはじめての浪人時代をどのように抜け出すか、という課題に挑戦するわくわく感の方が強かったかも知れません。もっとも今になって考えれば、2か月で再就職できたから、そんなのんきなことがいえるのでしょうが。

浪人時代に私がやったことをお知らせします。

⑴ まずハローワークでの失業給付の申請手続きです。それから、国民年金と国民健康保険の加入手続きです。尚、国民健康保険はリストラにあった場合は保険料が安くなる制度があります。地方自治体によって異なるので市役所窓口で確認してください。また、前勤務先の健康保険に最長２年まで加入しておくこともできます（任意継続）。但し、保険料はこれまで事業主が支払っていた分も自己負担となります。何はともあれ生活基盤を固めることが第一です。

私は人事領域の経験が長いと自慢気に語ってきましたが、白状しますと実は社会保険関係だけは殆ど業務経験がありませんでした。しかし、この時の手続きなどを自身で行った経験から現在では十分実務に活用できる社会保険知識を持っている、と周囲からは思われているようです。

⑵ 次にインターネットを使って、各種転職斡旋会社に登録し、自分の希望の職種募集があった場合に連絡が来るようにしました。恐らく10社くらいは登録したと思います。このようなサービスは費用がかからないので在職中にも登録しておいて現在の労働市場動向をつかんでおくと良いでしょう。

⑶ それから人材紹介会社（リクルート、パーソナルキャリア等）に訪問約束をして、ヒアリ

ングを受けました。自身の経歴や希望職種を担当のコンサルタントに知らせておくのです。登録したから直ぐに案件紹介があるわけではないので、気長に待つしかありません。これも今から登録しておくことをお奨めします。私の場合10社以上は登録しました。

(4) 案外良かったのが東京・飯田橋にある「東京しごとセンター」です。ハローワークの出店ですが、求人情報の検索のみならず各種のセミナーや企業と求職者の出会いの場を設けていたりします。私は「自分のキャリアを考える」セミナーや「再就職面接に臨む際の注意事項」セミナーに参加しました。正直なところ新しい発見はそれほどありませんでしたが、何かをする時間を持つことで気がまぎれることと、同じように再就職で苦しんでいる人と悩みを交換することで大きな励みを得ることができました。担当のコンサルタントも大変親身になってくださいました。

(5) ハローワークの求人も毎日インターネットで検索しました。求人は毎日出てくるので一日に一回は見ておかないと遅きに失することがあります。一般に自分の年齢の数くらいは応募しないと結果は出ない、といわれていたので郵便やネットでの応募総数は60を超えました。

(6) 私の場合、前職を退職する際に再就職支援プログラムを付けていただいたので、そのプログラムに含まれるマナー講座、手紙の書き方等のセミナーにも出席しました。担当のコンサルタントとの定期的な面談にもいそいそと出かけたものです。

(7) その他には、旧知の先輩や友人などに「失業したこと」を告げ、再就職につながる情報があれば知らせてくれるように頼みました。実際に会社を経営する先輩に入社のお願いをするために訪問したこともあります。結局、採用余力がないということで実現しませんでしたが、久しぶりに話ができたこと、平素からの人脈つくりが重要であることを再認識しました。

(8)経済産業省管轄の産業雇用安定センターも隠れたハローワークとしての機能を持っています。但し、ここに求職者として登録するには、退職前に企業を通して登録することが必要となります。難しい手続きは不要ですので、退職前に人事担当者に確認してみることをお薦めします。また、ハローワークでは失業期間の短縮を目指す意味で失業給付期間満了を待たずして再就職できた場合には、ある一定の金額を再就職者に支給してくれます。私の場合は数十万円にもなり、思わぬ臨時収入に喜んだものです。

こうして再就職活動を実際に行ってみて気付いたことがあります。それは思いのほか交通費がかかる、ということです。私の場合、横浜に住んでいるので東京など人材紹介会社や東京しごとセンターに出かけるにも数百円の電車代で済みましたが、地方の方だと馬鹿にならない金額になります。

求人に応募する際に、前職の給与は確保したいというのが人の常でしょう。私自身もそう思いますし、仮に確保できなくてもなるべく高い給与の会社を探したいと考えていました。実は、これが軸のブレを発生させる根本原因です。正直なところ50歳を過ぎると、よほどの経験者（例えば企業経営の専門家等）でないと現状以上の給与で採用してくれる企業は無いと考えたほうが良いです。何故なら自分と同程度の技量を持ち、今後更に成長の可能性がある人が40代にごろごろいるのです。この全体観を持たないで自分中心の世界観で物事を考えると、臍をかむ結果になりかねません。要は自分のこれまでの給料は高すぎた、市場価値以上にもらっていたのだと現実を認めるしかないのです。

「しかし、それでは生活ができない」と考える方もいるでしょう。本当に生活出来るか出来ないか、きちんと毎月の収支を見直し、生命保険などコストカットが出来るものはないか再検討してみるべきです。子供が学生で教育費の負担が重かった時代のことが頭から離れず、ひと月XXX円はかかると思い込んでいても、既に子供が就職している場合には、かなり固定生活費が低くなっているはずです。加えて、もし退職金を貰っているならば、その一部を生活費に充てることで、ひと月の収入は思ったほど必要ではないかもしれません。何時来るか分からない高望みな雇用条件の案件を依然待つのか、例え給料が半分になっても早く再就職して生活を安定させるのか。私は高齢になればなるほど後者を優先すべきと思います。

失業期間中の生活態度も毎日会社へ行っていた時と同じ形を継続すべきです。一定の時刻に起き、朝食後は机かテーブルの前に座りＰＣを用意して情報を収集したり、自己宣伝の文章を練ったりします。怠惰な生活をしても誰も苦情を言わない（家族以外は）ので、自分に甘くなりがちですが、それは厳に慎まなくてはなりません。怠惰な生活に慣れてしまうと、そこから抜け出すことが大変困難になります。

幸い私は、２０１４年４月中旬に全く期待していなかった外資系人材紹介会社から中国系ベンチャー企業の求人紹介を受け、直ちに面接に伺い、その１週間後に中国本社から来日した社長と面談、採用していただけることになりました。本当にタイミングなのです。但し、そのタイミングも種をまかないと芽を出しません。再就職活動のポイントは行動すること、だと思います。給料はだいぶ減りましたが、それでも夫婦２人が暮らしていける額だったので、正直残念でしたが、不満はありませんでした。お陰様でその後数年の間に給与は徐々に増えていきました。まず入社して、そこで成果を出して昇給を勝ち取っていくというのが私のお薦めです。給与が減った分、前職に比しプレッシャーからの開放感があり、それを割り引けば満足度合いは大でした。要は働く際に何を優先するかをしっかり決めておくことが重要です。その優先事項は年代や家族構成によっても変わってくると思いますが、自分の思うことが全て満足されるような雇用条件は、おそらく大会社の社長の求人であってもなかなかないと思います。

何を学べば有利か

では、何を勉強すれば雇用に値する力をつけることができるでしょうか。そもそものような発想自体が文部科学省管掌の使えない教育から生まれてきた弊害とも言えます。これを勉強すれば絶対大丈夫などという事柄はありませんし、寧ろ自分が見渡せる将来に何をして世の中に貢献したいのかをじっくり考える方が大切です。が、私の経験から敢えて「例」として挙げるなら次のような3つになると思います。

（1）英語：私は小学校の頃から何故か「大人になったら外国に行きたい」と思っていました。だから子供ながらに英語（他に語学といってもピンとくるものが無かったので）は大切だ、と感じていました。私の育ったところはかなり田舎で、中学生になった頃でもNHKのラジオ英会話を聞くためには、アンテナ代わりに竹竿にエナメル線をつけて自宅の屋根に立てておかないとならない程でした。マーシャ・クラッカワーさんの声を楽しみにしたものです。加えて、中学1年生の時の夏休みの英語の宿題が効果的でした。教科書の1学期に習った部分の文章を5回づつ、単語を10回づつ書いてくるようにというものでした。Musicがなかなか書けなかったことを思い出します。この宿題をしっかりやったお陰で、2学期以降の英語の授業は何故か楽に取り組むことができました。（語学でも科学でも、根本は覚えなくてはなりません。但し、覚えて終わりではなく、その基礎を用いて現実の課題を解くことが重要です。文部科学省の教育指導要領は往々にして覚えるところで止まってしまうから問題なのです。）

それ以降、会社員になっても細々と英語に触れる機会を絶やしませんでした。ドイツ赴任当初はドイツ語などさっぱり分からなかったので、英語で生き延びるしかなかったのですが、その英語さえボロボロだと痛感させられる日々が続きました。それでも継続は力なり、です。2001年には英国レスター大学大学院に入学できるだけの英語力は習得していました。でも、忘れないでください。私の英語の原点は、中学校1年生の英語の教科書とNHKのラジオ英会話です。成人前に留学もしたこともなければ、外国人の先生の個人授業を受けたこともない（なので、私の発音はひどい、という言い訳にしています）のです。

特別な英語の才能が私にあったとは思えません。そうではなくて、第3章に示すようにまずは「外国に行きたい」という漫然とした、しかしかなり強い目標（色付きの画像で外国の町をイメージできました。実際に見た時には、どれも当たったものはありませんでしたが）を持ったことが功を奏したのだと思います。

そのために、手元にあった勉強の材料を使っただけ、というのが本当のところです。当時私の勉強ぶりを見て「その内自動翻訳機ができるから、英語なんて勉強しても仕方ない」という友人もいました。確かに一理あるとも思いましたが、自分の口で、自分の耳で直にコミュニケーションを取りたいという気持ちが私の中では勝っていたのでしょう。

それが功を奏しました。逆に昨今のようにグローバル化が進み英語が重要なビジネスツールになっても、引き続き英語が苦手な人はいます。残念ながらそのような方から「英語ができるだけで、人事評価やポジションに差が出るなんて、働く意欲を削がれる」という嘆息も聞かれますが、今や英語は付帯スキルではなく、マーケティングや経営戦略と同列の主要なスキルになっています。確かに英語ができるだけで評価に差がついてはたまりません。しかし、英語ができることにより仕事が広がり、企業により大きな利益をもたらすならば、当然評価に差がつくべきです。まず目標を立てましょう、例えば「XXX国のXXXを見たい」とか「映画女優のXXXの話を直接聞いてみたい」とか。意志あるところに道は開ける、です。

一つ面白い話を紹介します。

私が小学校入学前に前に、就職して1人暮らしをしていた叔母が時々実家に戻ってきました。そのたびに彼女は面白がって私に英語を教えたのです。

その中の一つに「I go to school by bicycle every morning」がありました。「アイ ゴー ツースクール バイ バイスクール エブリ モーニング」。何故かしら私は「ああ、中学生たちは毎日バイバイと手を振りながら自転車で学校に行っているなあ」という光景を思い出しながらこの文章を口にしていました。バイバイ　スクールがバイ　バイスクールだと知ったのは中学で自転車という英単語を習った時でした。

現代のビジネス世界を生き延びる三種の神器（天皇が天皇たるゆえに持っている三つの宝物に由来する）の二番目は、ＩＴリテラシーでしょう。単にＩＴ機器を使えるということではなく、それら機器を使って何か新しい付加価値を創造できることです。スマホでゲーム遊びをしたり、ＳＮＳで友達を何人も持っているというのは、私はＩＴリテラシーとは思いません。目指すところは、例えばＳＮＳを使って、これまでなかったサービスを開始するなどです。折しもＡＩを活用したフィンテックが注目を集めていますが、このフィンテック技術を活用することで日本のメガバンクは現在より30％以上も人員を減らすことができるといいます。人件費は経営資源の中で最もコストのかかるものですから、この効率化によって競争力の向上を期待したいと思います。

使い方に加えて、基本的なプログラムを組めるような技術力もあると心強いでしょう。最近では義務教育の中でもプログラミングを取り入れる学校が出てきたようです。自分が組んだプログラムでロボットが思い通りに動くことを目の当たりにした子供たちは、その感動を次のステップに繋げる大きなエネルギーにすることができるでしょう。
それよりも大切なことは、プログラムを組むためには筋道を立てた考え方（ロジカル思考）が必須だ、ということです。この思考方法を身に付けることはグローバル人材になるための基礎だと思っています。更にプログラミングは、無から有を産むことができる点にも注目が集まります。何の変哲もない文字の羅列にしか見えないものが、物を動かしたり計算したりする頭脳と化すのですから、それをマスターすることでどれだけ大きな力を手中に収めることができるかは簡単に想像できると思います。

さて三種の神器の最後は、ファイナンスの知識でしょう。決して、どの株が高くなるかを言い当てる力ではありません。ここ数か月間は久しぶりに円高基調となっています。それに伴って株式市場も乱高下を繰り返しています。同じ1ドル106円でもアナリストと呼ばれる人は「昨日は106円という円高になったために平均株価が下がりました」と言うし、今日は「（106円でも）株式市場にリスクオンの空気が広がり、平均株価は戻しました」と言います。彼らは自分の言っていることが本当に正しいと信念をもって発言しているでしょうか。単に証券市場から出されるプレスリリースを読み上げているだけかもしれません。彼らのコメントは株価が上がっても下がっても使いまわしができるような安易なものに感じられます。

ケインズ経済学（税金や投資が経済の総量に影響する、という考え方）が機能しなくなって久しいですが、それでも為替の仕組みは知っておかないとならないだろうし、財務諸表の見方も知っておくべきでしょう。現在価値（Net Present Value）や資本調達コスト（ＷＡＣＣ）やＭＣＡＰ理論の考え方も、投資の有効性を検討するうえでは必要です。これらを理解したうえで、現在の経済を動かしているものは実は人々の感情であることを認識し、それがゆえに経済は生き物であると、常日頃から実感できるようにしておく必要があります。加えて、自らの人生を創って行くためには最低限の資産は必要ですから、きちんと計画的に資産形成できる根気も必要です。資産形成には時間という係数が非常に関係してきます。若い人ならばその時間を大いに活用できるのだから、この利点を活用しない手はありません。

これら三種の神器だけを持っていれば安泰かというと、残念ながらそうでもありません。今は行動が大切なのです。何から始めてよいか分からない人は、これらの中から一つでも選んで始めることを薦めます。英語ならばＮＨＫのラジオ講座でも良いし、ＩＴならフィンテックやブロックチェーンの技術を学んで仕事と自分の資産形成に使えないか検討しても良いし、ファイナンスならばＵＳ ＣＰＡ（これだけだとＡＩに席捲される危険もありますが）なども面白そうです。

私の経験から、これ以外のものを挙げるならば、それは「発展途上国への1人旅」です。電気も水道もない、階下は牛小屋になっている高床式のあばら家に数日でも寝泊まりすると何か世界観が変わってくるし、エネルギーが湧いてくるのを実感するはずです。その視点と活力こそが混迷の時代を生きていく原動力になると思われてなりません。新しい商売の種を見つけるかもしれませんし、リーダーシップの片りんを見つけることができるかもしれません。日常とは異なる環境に身を置いてみると、普段見過ごしていたものに気が付くことが少なくありません。

第3章

雇用に値する力を身に付けるために

企業は人なり

「企業は人なり」という言葉をご存知の方も多いでしょう。企業運営には金、物、情報、技術といったさまざまな資源が必要ですが、その中で最も重要な資源はそこに働く「人」であることに異存がある人は少ないと思います。何故でしょうか。私は、人は化けるからだと思います。金もうまく運用すれば利益が出るし、物も加工すれば付加価値が付き、より有益なものに転換できます。しかしそれらは精々数十パーセント程度のプラスでしょう。100％も伸張したら大番狂わせ、狂喜乱舞の世界となります。が、人は平気で普段の100％、200％の力を出すことがありますし、その力を継続して伸ばすことができる経営資源です。1920年代に米国で行われたホーソン工場での実験結果を今更引き合いに出すまでもなく、人は人間関係や承認の受け方次第で動機付けされ、驚くような生産性や成果を発揮することができるのです。いくらAIが発達しても「お前さんが作ったこの前のプレゼンテーション、すごく良かったよ」と褒めたからと言って、「ありがとう」とは言うかもしれませんが、その賞賛を嬉しく思って生産性を上げるとか、次回はもっと素晴らしいプレゼンテーションを作ろう、とかは考えないでしょう。やはり、モチベーションを上げる、下げるは人間の専売特許でしょう。

どうしたら人間のモチベーションを上げ、企業活動に良い影響を与えることができるのかを考えることは、事業戦略や新商品、新市場開拓と同等に、いやそれ以上に経営者が気をもんでいる事項でしょう。例えば人事制度や給与制度を時々に応じて変更するのも、会社が目指す方向に社員を向かわせ、動機付けされた状態で業務に当たって欲しいと思うからです。新規開拓が急務なら「新規開拓インセンティブ」を付けるでしょうし、売上拡大を目指すならば評価項目の中に「売上伸張度」を加えて、成績のよい人が昇進するような制度を作るかもしれません。

報酬により個々人の気持ちに訴えるだけではありません。人事領域の大きな柱の一つに組織行動論というものがあります。どのような組織文化の中で人々はより高い成果を出すのか、という研究成果を実際の企業組織に当てはめたものです。

一例を挙げれば、チェスター・バーナードは組織を構成する要素は（１）共通の目標（２）コミュニケーション（３）貢献意欲　である、と定義しました。日本企業でも社是等で古くから共通の目標は示されていましたが、最近ではもっと具体的により多くの社員にとって分かりやすい目標を掲げ、経営陣を含めた構成員が何回も繰り返し口にする姿が増えてきました。

コミュニケーションの重要性は人口に膾炙しています。最近では上司と部下のワン　オン　ワンミーティングが、単に業務の指示や確認だけでなく部下を知り部下の意欲を高めるツールの一つとして使われることもあります。傾聴スキルやコーチングが脚光を浴びているのも、そういった需要があるからでしょう。

そして企業内の一人ひとりが「自分でお神輿を担ぐ」「ただ乗りはしない」という気持ちを持ってチームメンバーと一緒に組織目標達成に意欲的に取り組む風土や仕組みを作ることも重要です。このような一見面倒くさい数々の仕組みを用意するのも、経営者が「人は最も大切な経営資源」であり「人の活用の仕方次第で組織の浮沈が決まる」ということを知っているからに他なりません。経営者の社員に対する期待に応えるためにも、一人ひとりが自力をつけなくてはなりません。

人は「人材」か

私がお世話になっている、横浜市泉区にある浄土真宗大谷派のお寺である「遊林寺」の住職は毎月ご自身で気に入った標語をつくり門徒さんに配られています。最近次のような標語を頂きました。「人材とか木材とか、役に立つとか立たないとか、材料としてじゃあなくて、人そのひと、木そのものを見られたら、そこにはいのちの温もりが確かにあるんだね」

その昔、人事部は「ひとごと部」と揶揄された時期もありました。最近では人を資源と捉えHuman Resources Dept.と呼ばれることが多くなってきました。一歩進めてHuman Asset

（資産）Dept. という言い方が流行ったこともあります。また、人そのものを従業員、社員、から人材という呼び方になり、ちょっと悪ふざけが過ぎるとも思いましたが、ハイパフォーマーは人財、ローパフォーマーは人罪というような呼び方をする評論家がいた時もありました。

母親の中で十月十日間育てられた後に、オギャーと産まれた赤ん坊には、その時点で何ら差が出るわけではありません（胎教が良い影響を与えるらしいですが、胎教を受けなかった赤ん坊が能力的に劣るという科学的証明がなされているとも思えません）。

昔インドで狼に育てられた双子の幼女が、発見されて人間として育てられた時に、彼女たちは何時までたっても言葉は話せず、四本足で歩行し、結局人間の生活に馴染めず亡くなってしまったという話がありました。産まれた後の環境は、人間を人間たらしめることに極めて大きな影響を与えるという証左でしょう。決して生まれながらにしての人罪はいません。幼い頃から塾に行き、数多くの習い事をするからと言って人財になるわけでもありません。あるのは「人」という無限の可能性をもった存在だけです。その可能性にどのように気づかせ、拓かせるのか、その成否によって人は人財にもなれば人罪にもなるのです。

それには、やはり教育が重要な鍵を握ります。少品種大量生産に適した同質化した人を大量に効率よく輩出してきた日本の教育制度は見直さなくてはなりません。暗記した答えを如何に正確に再生するかを競う教育ではなく、問いを設定する力、何をするかを構築する力を磨かなくてはならないのです。周囲の空気を読んで予定調和を演出するのではなく、自分の考えを論理的に（例えばA＝B、B＝CだからA＝Cとなる三段論法など）説明できる力を養い、人々を元気付け、方向付けるリーダーシップを、それも異文化の中で発揮できるようになればしめたものです。「お前は、それができるのか！」と問われそうです。「平均的な日本人よりはできると思いますが、理想形には遥かに及びません」。

しかし、今の20代、30代の若手の方なら、このような素養を身につけることは、簡単ではないですが、私が同年代だった頃よりも遥かに活用できる材料が多く、道のりはより平坦で、距離もそれほどではないでしょう。ＩＣＴ技術を活用すればインターネットで大学院の授業も受けることができるし、調べ物も検索機能で瞬時にできます。フィリピンの先生とスカイプで結べば、格段に安く英語の勉強ができます。またスウェーデンの先進的な教育とはどのようなものか、成功例から学ぶことだって容易なはずです。私たち先達（大人、老人）が正しくガイドすれば、人が人財になる可能性は以前に増して大きくなっています。

マック化社員

では、日常の生活の中で、どのような行動、取り組み方でエンプロイアビリティーを身に付ければよいのでしょうか。『マクドナルド化する社会』という書籍が１９９３年に発行され、米国社会にショックを与えました。（マクドナルドに勤務する方には失礼な限りですが）「マクドナルドのような低賃金で、必要な技術レベルが低く、将来性の無い仕事」がどんどん増えている、ということに警鐘を鳴らしたものです。これほど極端な表現でなくても「答えを導くための方法が分かっており、多くの人ができる定型的な仕事」と言い換えても良いでしょう。そしてこれらは今後ＡＩやロボットに置き換えられていくことがかなりの確度で推測できます。「日経ビジネス誌（２０１８年2月19日no.１９２９）」では「マック型人材だらけ企業」の特徴として次の３つを挙げています。

１　学歴を重視した採用
２　終身雇用を前提とした人事制度
３　プロパー重視のキャリアビジョン

そして、同誌には企業トップからの「当社には、時代の変化に対応できる独創性に富んだ社員が育たない」とか「多くの社員が成長せず、そもそも後任候補すらいない」という嘆息が掲載されています。更に同誌は、マック型人材でも組織内で早く出世すれば得意の計数や人事管理中心の職務に就くことができる、或いは現在持っている定型業務遂行スキルを高度に磨きハイエンド・「マック」社員になることを解決策として提示しています。

まず「マック」型社員の大量発生を嘆く企業経営者に問わなくてはなりません。何故、彼らが大量に発生したのでしょうか。本書の別項目にも記述しましたが、20歳前後で入社してきた頭が柔らかい若者を、その後10年以上に亘って上意下達の文化に押し込み、周囲の空気を読むことを強要し、エッジの立った社員を排除し、金太郎飴社員を愛でてきたのは誰だったのでしょうか。それを今さら「幹部候補が成果を上げられない」「ミドルクラスが弱体化している」と嘆くのは、私には天に唾しているようにしか見えません。

次に日経ビジネス誌の「マック」型社員救済法ですが、週刊誌という限られた紙面なので仕方がない部分もあるでしょうが、それにしても安直な回答だと思います。「みんなで頑張りましょう」と言っているのと大差ない印象を得たのは私だけでしょうか。多くの働く人は普通の人であり、他者より大幅に早く昇進できる人が全体の何パーセントいますか。また、既存のスキルをそれ程までに高度化できる人が何人いるでしょうか。同誌には40年以上前に発表した衝撃のレポート「会社の寿命は30年」を超える研究レポートの再来を期待したいと思います。

では、社員の「マック」化の原因を社員だけに見出そうとしている経営者や知的新聞系マスコミに対抗して、私たち働く人間はどのようにして「マック」型社員を卒業できるのかを考えてみたいと思います。但し、先にお断りしておきますが、本書にはエンプロイアビリティーを向上させる魔法が書かれているわけではありません。或いはどこかの書籍のように「ＭＢＡで学ぶ全てが何時間で分かる」訳でもありません。

確かにリーダーシップやクリィティカルシンキング（論理的思考）といったビジネススキルについても記述していますが、寧ろ生き方、心の持ち方についても紙面を割いています。何故ならば、人間は１人では生きていけません。その人間が働く際には、かならず他者と関係しますし、成功のためにはそれら関係者の直接間接の支援が欠かせません。そうであるならば、やはり人間として正しい人でなくては成功できませんし、言葉を換えればひねくれた人、自己中心的な人に成功の女神が微笑むとは思えないからです。京セラ創業者の稲盛和夫さんは第二電電（現ＫＤＤＩ）を設立する際に、半年の間ご自身の内面と厳しく向き合い自問自答されたと聞きます。曰く「その動機善なりや、私心無かりしか」と。やはり自分白身の心を磨き高めることが、周囲を感動させ、結局は自分を助けるのでしょう。情けは人のためならず、です。

ですからＭＢＡ的な知識とそれに基づく実践は勿論のこと、今は余り流行らないとみえる道徳的なことにも言及せざるを得ませんでした。「一つの事柄でさえ実践することは大変なことなのに、全く毛色が異なる二つの分野をカバーする」ということは一見困難なことのように思えるかもしれません。しかし心配は無用です。「道徳的」と思われる部分は、読者の皆さんのご両親、おじいさん、おばあさん、或いは学校の先生が常々皆さんに教えてくださったことをちょっと格好良く書き表したに過ぎません。決して難しいことではないのです。もしかしたら皆さんが忘れてしまったことを思い出すだけでも成就するような内容です。

これ以上皆さんを焦らす訳にはいきません。さあ、エンプロイアビリティー向上の旅に出発しましょう。

山の向こうを見る子供

私が生まれたところは岡山県の瀬戸内沿岸に近い、それでも山の中でした。山が幾重にも重なり、毎日庭先に出て山を眺めていたことを思い出します。そのためか私は小学校低学年の頃までは、目の前の山の向こうには兵隊さんが沢山いて、その後ろの山の向こうにはお侍さんが沢山いる。更に後ろの山の向こうには恐竜たちが闊歩している、という世界が現実にあると思っていました。つまり、私の頭の中には三つの時代、いや現実も含めれば四つの時代が同時に存在していたのです。今にして思えば何とも奇妙な空想ですし、何故そのような世界観を持ったのかは全く記憶にありません。しかし、そのような空想（当時は現実と思っていたのでしょうが）を抱く少年は長じて、より広い世界を見てみたいという希望を抱く人になり、小学校上級学年になると毎週金曜日にテレビドラマで見る東京・西新宿の高層ビルに憧れ、中学になって英語を学習するようになると、その言葉を普段話している人々がいる外国を夢見るようになりました。「とにかく外国に行く」という意思が決定的に固まったのが、この頃だと思います。

外国に行って、いろいろな物を見て、その様子をいつか母校の生徒たちに見聞きさせたい、という思いも持つようになりました。実は、この思いはその後久しく忘れていたのですが、何と半世紀後に期せずして現実となります。２０１６年12月に母校の本荘小学校の５年、６年生の児童の皆さんに、私が現在ラオスで行っている支援活動を紹介する機会を頂いたのです（正確には、小学校に無理やりお願いしてそのような時間を作っていただいたのですが）。

ラオス支援を一緒に行っているＮＰＯ法人アジア教育友好協会の「出前授業」というプログラムを活用させていただきました。ところが、私がこの夢を思い出したのは、何と出前授業が終わってからでした。やはり、何事もまずは「思う」ことから始まるのだな、と実感したものです。幸い児童の皆さんの反応も良く、その後、彼らが自発的に「ラオスの子供たちに手紙を書きたい」と先生に申し出てくれたことを聞き、何とも言えない嬉しさがこみ上げてききました。

太平洋戦争後まもなく松下電器（現パナソニック）株式会社の経営が大きな不振に見舞われたとき、松下幸之助氏は全国の販売店社長を熱海に招き「熱海会議」を開催しました。松下氏の体制立て直し戦略の話の後で、ある販売店社長が「社主の言われることを実現させるには、いったい何から始めたらよいのですか」という質問をしたそうです。松下幸之助氏はすかさず「思うことですな」と回答したと言われています。会場はざわつきました。明らかに松下氏の回答に不満な販売店社長が少なくなかったようです。「思うことくらい誰でもできる。私が知りたいのはもっと現実的で具体的な助言だ」と多くの方が思ったのでしょう。しかし私たち自身を振り返ってみて、どれほどあることを強烈に、寝ても覚めても、それこそ周囲が心配するくらいに強く「思った」ことがあるでしょうか。

夢を持てない時代、といわれます。「もてない」のでしょうか「もたない」「もつことを考えていない」のでしょうか。何でも他責にして物事が進めばよいですが、そうこうしているうちに時間は容赦なく過ぎ去っていきます。思ったから、夢を持ったからそれが直ちに実現することはまずないでしょう。しかし、はっきりしていることは種をまかないと芽は出ないし実もならない、ということです。仮想空間でなくても、現実の世界にも「思い」をめぐらすに足る材料は至る所にあります。

疑問を解決する

ナチスドイツを率いたアドルフ・ヒトラーの著書である『我が闘争』の著作権が切れたことを契機に２０１７年は同書のブームが再来しました。そのブームの到来を契機に私は長年持っていたある疑問を思い出しました。それは「なぜ、一兵士にしか過ぎなかったヒトラーがドイツの首相となり、第一次世界大戦の敗北で戦争はこりごりと思っていたドイツの人々を更に大きな戦争に導くことになったのか」ということです。だいぶ前に読んだ『我が闘争』の中には、その解を見つけることはできていませんでした。

現在のドイツの政治手法を見ていると、政党間の協力体制を敷く場合でも各党の公約一つひとつをすり合わせて、非常に細かい点まで何処が同じか何処が異なるかを明らかにしないと簡単に握手はしないことが分かります。恣意的にある政党の専制で、ましてや1人の人物の独断で政治が動くことがないように思えます。日本の安直で「臨機応変」な烏合集散に慣れた者から見ると、余計になぜヒトラーがこれほどまでに世界史に名を残してしまうようなことになったのか不思議でならなかったのです。義務教育の教科書には「伍長だったヒトラーが首相になり、ドイツは第二次世界大戦を起こした」としか書いていません。子供の遊びでもないし、何千万人もの人々の命が危険にさらされる戦争に周囲が突入を許したのは何故か、それも演説力以外は寧ろ平均点以下のヒトラーに従って、の回答を得たいと長らく思っていました。

疑問を持ち、それを常に頭の片隅においておくと、情報はうまく飛び込んでくるものです。偶々雑誌で一橋大学教授の楠木建先生が『ヒトラー』（イアン・カーショー著）という書籍を紹介されていました。上下巻合計１８００ページ。更に１ページが２段組になっている超大作です。読んでみると流石に「分かりました」。

勿論、この本が全てではないし、もっと色々な角度から史実を見なければならないでしょうが、それでも長年の疑問は氷解しました。ヒトラーという人物、彼が存在した時代の世相、ドイツに住むユダヤ人の歴史、それに加えドイツ民族の意思決定方法の傾向といったものが、奇跡的なまでにある瞬間を選んで融合してしまったが故のヒトラーの台頭だったのです。

この他にも『暗闘』（長谷川毅著）は、「戦争を早く終わらせ、日本の犠牲を最小限にするために、米国は日本に原子爆弾を落とした」という説明が事実でないことを暴いています（米国が日本に原爆投下を決定した日よりも後にポツダム宣言が起草・日本に出されました。つまりポツダム宣言の諾否に係わらず原爆は落とされることになっていた、という史実が明らかにされています。また、終戦を早めたかったのはソ連の戦果を最少にし、北海道を共産化させたくなかったからです。）。或いは、明治維新前夜の江戸時代の武士の動きはしばしば話題になりますが、庶民はどんな生活をしていたのだろう、という疑問には『逝きし世の面影』（渡辺京二著）が有り余るデータで解明してくれます。

安岡正篤先生、中村天風先生、森信三先生の著書も随分読ませていただきました。ドイツに赴任している際に生じた「日本人としてのアイデンティティー崩壊の危機」を乗り越えるために多くの示唆を頂いたと思います。やはり先人の知恵を頂くことは非常に大きな力になります。疑問を持つこと、例えすぐに解決できなくても、あきらめずにそれらを温めておくこと。インターネット全盛なので温めなくても良いかもしれませんが、検索等で他者の考えだけを抽出するのでは案外分かったようで実は分かっていない場合が多いことも事実です。じっくり醸成しておくと、あるときふっと花が咲くのです。

プロとは何か

私は自宅近くの協栄ボクシングジムでボクササイズに参加しています。そこには、プロのボクサーやプロを目指している人たちも大勢いて、彼らは一様に世界チャンピオンを目指して日々努力しています。中には小学校1年生くらいの子供もいます。サンドバックを叩く時、余りにも苦しくて涙を流している子もいます。コーチが「そんなに辛いなら、辞めてしまえ！」

と叱咤しても子供は首を横に振ります。「強くなりたいんだろう?!」とコーチが訊くと、彼は頷くのです。

時折、コーチが手の空いたときに私をスパーリング（とてもそうは呼べない代物ですが）に誘ってくださいます。ジャブ、ジャブ、ストレートの掛け声とともにのそのそと歩きながら左右の腕を出すだけなのですが、とても3分間続けられません。終盤間際には本当に星が目前を舞飛びます。それに引き換え、例え4回戦ボーイでもプロは凄いです。何故当方の目が追い付かない程、あんなに早く動けるのか。そのスピードで3分間を4回も5回も戦えるのか、全く想像の域を超えています。しかし、このように驚きながら練習を見ている私が、後楽園ホールに彼らの試合を見に行ったときには、闘っている（特に未知の）選手が無様な格好を見せたりすると他の観客同様に「こら！　何やっているんだ。プロだろ！　しっかりしろ。金返せ。」と言ってしまったりします。

「プロ」とは何か、ここで改めて考えてみようと思います。おそらくもっとも簡単な定義は「その生業で金を稼ぎ生活する人」でしょう。野球選手、サッカー選手、芸能人だってプロです。彼らは元来人並み以上の素養があって、その上に極めて厳しい鍛錬に長年励み、更に何某かの運に恵まれなくては、なかなか思うような収入を得ることができません。ところが前述の定義に従えば、私たち雇用されている者も紛れもない「プロ」なのです。プロは自分の成果（仕事）と引き換えに対価（報酬）を得ます。プロのスポーツ選手に罵声を浴びせる私であれば、同様に自分自身をプロのサラリーマンと認識し、頂く対価に見合うだけの成果を提供すること、少なくても提供するよう努めることは最低限のルールでしょう。他のプロ領域の職業人と同様に自身を鍛え、相手が期待する成果を出す。出せなければプロ市場から退場宣告されても仕方がない、くらいの気概を持つ必要があります。実際はどうでしょうか。何故か私たちサラリーマンだけはプロであっても、プロの厳しさを免除される「特権」を与えられているように思い込んでいないでしょうか。

２００２年に名古屋市の日本福祉大学のサテライトキャンパスで、当時慶応大学大学院教授の奥村先生（経営戦略論）の連続講義に出席する機会がありました。先生の語り口は勿論、多彩な資料を用いて企業やマーケット、そこに働く人々の心理などを交えた、かつ対話型の講義内容は「目から鱗が落ちる」程度の言葉では表せない衝撃を私に与えてくれました。講義後、先生に「何故、先生の授業はこんなに面白いのですか」と思わず尋ねたところ、返ってきた言葉は「俺はプロだよ」。私は一発でノックアウトされました。

自分でやってみる

外資系内資系を問わず、会社規模が小さくなればなるほど、管理職であっても実務を担当することが少なくありません。それを外資系企業ではハンズオン（Hands On）という言い方をし、本部長クラスであってもハンズオンの姿勢を持っていることが募集要項の人物要件に記載されることが少なくありません。

日本人管理職が大企業勤務経験を買われて中小企業に転職した際に困ることがあります。一つは「得意な分野は、管理職が出来ることです」と言って平然としていること。もう一つは例えば「なんだ、こんな就業規則しかないのか。だから中小企業は駄目なのだ」と転職先の企業を辱める苦言を呈すること、です。特に日系企業の管理職の場合、周囲が忖度し環境をお膳立てしてくれる場合が多くあります。管理職自身は印鑑を押す程度でしょうか。おまけに以心伝心が機能する組織の中で上位下達の文化が醸成されているので、本来の意味での人のマネジメントなど殆ど必要としない……少々言い過ぎでしょうか。そのような中で「管理職ができる」と誤解しないでください。

やはり管理職といえども自分の専門分野をもって、継続的に勉強を続けていかないと自分のポジションを確保することはますます困難になると思います。もし本当にマネジメント能力を売り物にするならば、7、8名の部下（Span of Control＝組織論上、最適な部下数と言われている）が全て異なる国籍の男女であっても問題なく担当できるくらいの力が必要です。

ハンズオンが必要な職場に入った場合、そのポジションに本来期待されている業務遂行をなすことに加えて、コピー取り、トナー換えから就業規則の作成、労働基準監督署への報告書類作成、提出など自らの手足を動かして実務を実行することが周囲から信頼されるためには必要となります。にも拘らず「だから中小企業は駄目なのだ」と叫ぶだけで自ら手を動かそうとしない（動かせない）上役がやってきても周囲は冷ややかな目で見るだけですし、本人も居づらくなるだけであることを忘れないでください。

1991年に、私が支社を設立するためにドイツに派遣されたときには、何処に事務所を作るのか、設立手続き、現地社員の採用はどうするのかなど全く情報がありませんでした。候補地の市役所を訪問し、企業誘致を斡旋している部署を聞きだし、そこの支援をいただくのが関の山でした。今になって考えれば、当時でも海外に支店を作る企業は多くあり、それ故に大手の会計事務所などが「進出サービスパック」を用意し、クライアントは用紙の該当箇所に名前を書きサインをするだけで、ひと月もすると秘書付きで登記済みの支店の鍵を渡してくれるサービスもあったようです。目が飛び出るようなサービスフィー（手数料）ですが、それを利用して簡単手軽に海外事業を始めた会社もあります。幸か不幸か私はそこまで気が回らなかったので自分で全部お膳立てしました。

人員の採用は現地の新聞に広告を出し、面接日程のアレンジを片言のドイツ語で行い、自分で面接しました。時間は掛かりましたし、効率的ではありませんでしたが、おかげで貴重な資本金の減少は最小限に止まりましたし、私の中には海外支店立ち上げのための再現性のあるノウハウを蓄積することができました。

マニュアル世代で、指示待ち人間が多いといわれる若年層には全てお膳立てするのではなく、自分で動いて自分でやってみろと言ってやることは決してパワハラではありません。自分で考える癖をつけることが、彼らの将来のエンプロイアビリティーを担保するための重要な鍵の一つとなるのです。

大局観をもつために

人事部の採用担当者に「どのような人材を採用したいか」というアンケートを行うと、リーダーシップのある人、既成概念にとらわれない考え方ができる人、という回答に加え「大局観を持っている人」が挙がってきます。別の言葉でいえば全体を俯瞰《フカン》できる人、要は視野の広い人です。では、大局観を持っている人になるためには何をすればよいのだろうか、という問いへの答えはなかなか探せません。

私は時々職業人の立場から、中学生や高校生に対して話をする機会をいただくことがあります。その際には冒頭に、○、△、□を使って簡単に世界地図を描いてもらうことにしています（簡単にと言ったのに、ユカタン半島などを事細かに、実に上手に描く生徒もいて感心します）。殆どの生徒が、日本を中央に置き、太平洋を挟んで右側に南北アメリカ、日本の真下にオーストラリア、その左にアフリカ……と描きます。インドより西は何となく描けるけれども、何処がサウジアラビアなのか、欧州の始まりはどこか、になると心もとない生徒が多くなるのは何処の学校でも同じです。

それでも、地図が描けた時点で「中東ってどのあたりですか」と聞くと、70～80％の生徒が当たらずとも遠からずの場所を指すことができます。ところが「ここ（日本から見て西方）を何故中東というのですか」と問うとクエッションマーク（？）が彼らの頭上を飛び交うのも見慣れた光景で微笑ましいです。日本から見れば西ですが、彼の地はもともと欧州からみて東にあるので、英語でMiddle East、それを単に日本語にしたから中東、という種明かしをすると皆さん喜んでくれます。いつもは日本が真ん中にあって、その左右を欧州とアメリカが固める地図しか見ていないので、世の中を見る目も、その地図を基点としてしか見えなくなっていることに気がつかないのです。地球儀の上に立つのではなく、地球儀の全体を見通せる宇宙からその球体をみることによって、これまでは気がつかなかった事柄を見ることができるようになるのです。英語では Out of Box Thinking（箱の外に出て考える）とも言います。最近では外資系企業では日本人の間でも普通に実践されている姿勢です。

同様の例は他にもあります。南半球のオーストラリアの本屋で南極が上、北極が下に描かれた地図を購入したことがあります。自国を真ん中に置くという発想に立つと、確かに見た目は日本人には奇妙ですが一理あります。そして同国では「北向きの家」が喜ばれます。太陽の軌道である黄道は日本からみると南にありますが、オーストラリアでは北になるからです。同じ地図でもメルカトル図法で考えると米国ニューヨークからタイに飛行する際には西に飛ぶように思えます。私がその路線に乗った際にキャビンアテンダントに聞いたところ「最初は北に飛びます」と言われ、頭が混乱した覚えがあります。視野を広く持て、とか常識を疑えとか自己啓発研修でしばしば言われることですが、案外日常生活の中に、そのヒントはあるのです。

人事採用担当者が「採用したい人材像」として挙げるということは、そのような人材が不足しているからです。経済理論を出すまでも無く、需要があって供給が少ないものは高値で取引されます。地理は案外「大局観」醸成に役に立つのかもしれません。

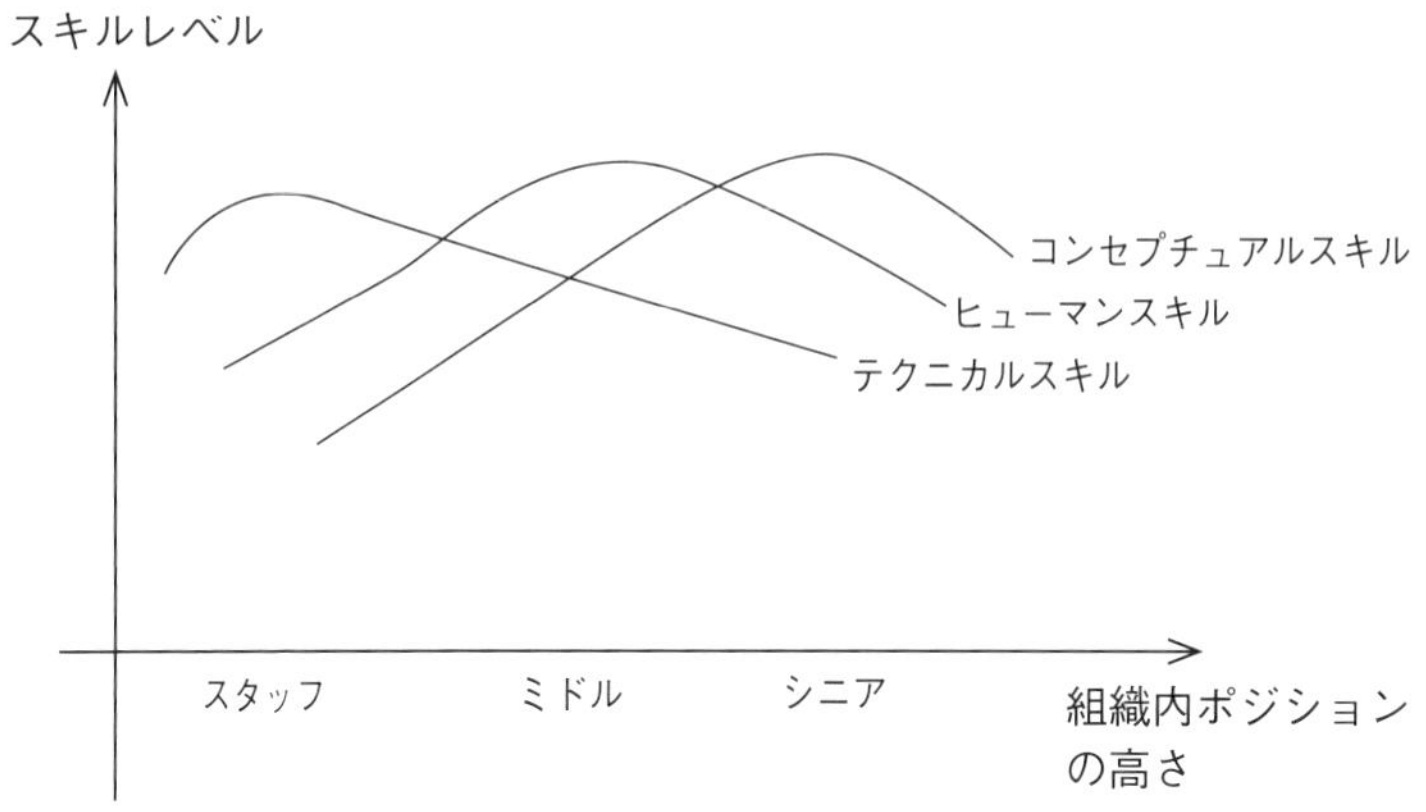

（図５）ポジションによって必要なスキルは変化する

人間力について

若いうちは実務をきちんと実行できるスキル（テクニカルスキル）、中間管理職くらいになったら人を扱うスキル（ヒューマンスキル）、部門長になる頃には概念構成力（コンセプチュアルスキル）が重要だ、と言われてきました（図５参照）。

更に会社組織をリードするためには人間力の涵養が欠かせないとも言われます。では、この人間力とは具体的にはどのようなものでしょうか。「あの人になら ば、何処までも付いていきたい」「あの人を男（女性の皆さん、お許しください）にするなら、ひと肌脱ごう」といわれるような人間的に魅力のある「あの人」は確かに存在します。その人たちの特徴は何でしょうか。「胆識」のある人と言われたり、「徳」のある人と言われたりします。表現方法は色々であり、しかも具体的に言うことはできませんが、それでも「人間力」

といわれれば、各人なりにイメージするものはあるのです。この人間力を磨くことも現代、特にＡＩの進化が著しい時代を乗り切るために必要でしょう。なぜならば、ＡＩが人間の仕事の半分以上を席巻するといわれる時代に、ＡＩと人間とを分ける能力差は「人間力」に他ならないからです。

昭和の碩学といわれた安岡正篤先生は人生を歩む根本として次の三つを挙げられました。

(1) 感謝する　(2) 喜神を持つ　(3) 陰徳を積む

また教育界の哲人森信三先生は、次の事柄を勉強以前の行動として励行するよう説かれました。

(1) 挨拶をする　(2)（座ったときに）腰骨を立てる　(3) 履物をそろえる

これら一つひとつは、どれもひと時だけ実行するには困難なことではありません。問題は継続性です。逆に言えば、一つのことを愚直に継続できる力の中に、人間力の萌芽をみることができるのでしょう。例えば「感謝する」ということを取り上げます。私は嘗て勤務していたドイツ自動車メーカーの系列ディーラー年次総会に出席させていただいたことが何度かあります。そこでは、前年に最も販売実績を上げたセールスマンの表彰も行いますが、その表彰の席で全国でトップ10に入るセールスマンが必ず言う言葉があります。それは「この成績を出すことができたのは周囲の皆さんのお陰です。ありがとうございました」です。そういえばスポーツ選手や俳優なども表彰される際には必ず自分の周りで支えてくれた人たちに感謝をします。中には感謝しておかないと傲慢だと思われかねない、と打算から言う人もいるかも知れませんが、多くの場合心底周囲に感謝しているから出てくる言葉だろうと思います。「ありがとう」という言葉がもたらす偉大な力を見る思いがします。

もう一つ重要なことはコンプライアンス（法令順守）です。故事に、昔中国の辺境に転勤させられた官吏の話があります。その土地で大きな商いをしている商人が歓待し、その宴の中で賄賂を渡そうとしたところ、その官吏に受領を断られたので言ったそうです。「他の転勤者も受け取っています。代々慣例です。大丈夫です、他の誰も知りませんから」と。そこでその官吏は応えました。「何で誰も知らないことがあろうか。天の神、地の神が知っている。お前が知っている。何より私自身が賄賂をもらったことを知っている」と言って賄賂は受けとらなかったそうです。陰日なたの無い、謙虚で無私な言動が人間力を醸成するという一例です。

更に、「信頼を得る」ことと「足るを知る」ということも挙げておきたいと思います。まず信頼です。信頼の貯金という言葉を聞いたことがあるでしょうか。例えば、貴方が友人Ａさんに1000円貸したとします。Aさんは7日後には返すから、と言っていました。ところが8日目、9日目になっても返さず、貴方が督促してやっと2週間目に返してくれました。今度は違う友人Bさんに7日後に返すという約束で1000円貸したところ、Bさんは5日後に督促もしないのに返してくれました。Aさん、Bさんそれぞれが同じことを何度か繰り返したら、貴方はAさんにはお金を貸さなくなるかもしれません。逆にBさんには2000円、しかも返済期間を1週間よりも延ばして、貸してあげることでしょう。こつこつ相手の信頼を積み上げていくことが、いざという時にどれだけ力になるか知れません。

最後に「足るを知る」に因んでギブ アンド テイク（Give and Take）を引用します。与えて、そして取るのだから公平でよいではないか、と思うことでしょう。本当ですか？ 貴方は他の人が自分の持ち物を取っていくことに何ら嫌な気持ちを持ちませんか。もしかしたら貴方は「他はあげても良いけれど、これは絶対に自分が持っておきたい」と思っているものがあるかも知れません。その「もの」を友人が取っていっても平気ですか。貴方はこう思うでしょう。「君にあげても良いけれど、そのあげるものは自分（私）で決めるから、他のものは持って行かないで」と。そうです、ギブ アンド テイクではなくてギブ アンド ギブン（Give and Given ＝与えることと与えられること）でないと、実はうまくいかないのです。自分が欲しいものではなく、相手が自分にあげても良いと思っているものをありがたくいただき、感謝の言葉を伝える。自分だけが全部取ろうとしてはだめですが、いくら与えたからと言って、相手が貴方にあげたくないものを無理やりにとってはだめなのです。

恩人とは誰か

今年（２０１８）は冬季オリンピック、パラリンピックの開催年です。何れの競技参加者も希望と緊張との板ばさみ状態でしょう。夏の大会もそうですが、私は特にパラリンピック選手の活躍に心をときめかせます。生まれながらにして障碍を持っている人もいれば、成長の過程で図らずも障碍を持つ身になった方もいます。何れにせよ、凡人には、大変な重荷を背負って気の毒くらいしか言えません。

しかし、何時も驚くのは、というより信じられない程に思えるのは、何れの選手も自身の障碍について「障碍を持ったことにくよくよしても仕方ない。前向きに明るく生きようと思った」と、言うことです。素晴らし過ぎます。その言葉を普通に言えるようになるまでには幾多の困難と絶望の淵を覗いたことでしょう。その障碍の大変さを健常者は分かっているのだから、彼らは弱音を吐いても良いはずです。ところが寧ろ私たち健常者が彼らからすごい力をもらっていると感じています。ただでさえ生活の中に多くの不都合を抱える彼ら障碍者が、氷上を雪上を健常者でもとてもできないようなスピードや高さで舞うのです。奇跡を見ているように思うのは私だけでしょうか。

実は、私も大学卒業時に病気に見舞われたことがあります。内定していた千代田化工建設はそれでも入社を許してくれ、1982年4月には希望を胸いっぱいに詰めて入社しました。ところが一旦は回復したと思ったのもつかの間、その年のGW後に再発し療養生活に入りました。大学病院に入院した時に医師から「医学の進歩は早いので、21世紀になれば特効薬もできるだろうから」と言われ、それこそ絶望に見舞われました。「21世紀には自分は40歳を超える。そんな爺さんになるまで待てるわけが無い。これまで頑張ってきたのは海外で大きな仕事をするためだ。これまでの人生はいったいなんだったのか……」悶悶とした日々の中で、もはや海外での仕事などできる体にはならないのだから、と会社を辞める決意をしました。そうすると当時の人事部長が自筆で手紙を書いて送ってくださいました。「人生は長い。短慮は禁物。回復を待っている。期間を気にしないで療養しろ」と。今ならばリストラ最有力候補でしょうが、このようなご配慮に満ちたお取り計らいをうけることができ、千代田化工建設には結局その後17年間お世話になりました。数か月の後、無理をしないという条件の下で復職しましたが体調は一進一退を続け、時として再入院も繰り返しました。そのような中、ある日人事部の小林鶴夫主任に呼び出されました。「神ちゃんが怠けているなんて誰も思っていないから、今は体を労わって無理をするな」と。とにかく私は千代田化工建設という会社で働いていた人々から計り知れないご恩を受けました（では、何故定年まで勤め上げなかったのか、と問われそうですが）。

このご恩は先達への感謝は勿論、私たち中高年世代に続く世代に返すことをせずしてこの世を去ったら、如何に悪人正機を標榜される親鸞聖人も蓮如聖人もご容赦にはならないでしょうし、そもそも阿弥陀様が浄土に導いてくださらないだろうと思うのです。世の中は順風満帆な人だけではありません。何故自分だけが……と悩んでいる人は数え切れません。このような人々を「年の功」で支え、励まし生きる意欲を再び持ってもらうことも中高年の存在意義、使命だろうと思います。但し、経験話の押し売りは逆効果であることは忘れないようにしようと思います。彼らに寄り添って傾聴を貫く姿勢こそ中高年のエンプロイアビリティーでしょう。

情報は点でなく面で掴む

私たちは毎日多くの情報に接します。新聞、テレビ、ラジオそしてインターネット等、正に情報氾濫時代の真っ只中に生きており、それら情報を如何にうまく使うかでビジネスでも私生活でも大きな差が出ることは誰でも実感しているでしょう。ところが私たちは毎日流れてくる情報を、流れてきた時だけ取捨選択し解析していないでしょうか。断るまでも無く世の中は時間の流れとともに変化しており、その流れの変節点で発信者が重要と思う情報を（時には恣意的に）流してきます。ところが受け手がそれらを断片的に受け取るだけで、自分自身で前後の脈絡を確認しながら咀嚼しないと、見えてくるものも見えない場合があります。或いは実際には無いことがあるような印象を形成してしまうことさえあります。一つ新聞報道の例を挙げてみます。

「政治面」
２０１４年12月　衆議院選挙
２０１５年５月　いわゆる戦争法案が閣議承認
その後、７月に衆議院通過、９月に参議院通過。

「国際政治面」

２０１５年１月　安倍首相がエジプトで「人道支援のために２００億円を拠出する」と演説を行う。

現地で配布された演説の英文は「We shall do help to curb the threat of ISIL poses（ＩＳＩＬがもたらす脅威を食い止める）」ために2億ドル拠出する。


「社会面」

２０１５年２月　ジャーナリストの後藤さんがＩＳの犠牲となる。

この報道に併せて、後藤さんの奥様宛に２０１４年11月末に「ご主人を誘拐したので身代金を要求するという犯人からの連絡があった」旨公表。
２０１４年11月以前に、後藤さんが行方不明になったことは各種メディアによって報道されていたので、本当に犯人から連絡があったらご家族の方は警察（経由して国）へ連絡していたと私は推測します。

これを時系列に並び替えてみます。加えて、私の恣意も斜文字で付記します。

２０１４年11月　奥様に後藤さんを誘拐の犯人から身代金要求あり
２０１４年12月　衆議院選挙
前後の事情から推察すると恐らく後藤さんの奥様からは身代金要求の連絡があったことは国にも伝わっていると想像します。
何故犯人から身代金要求の連絡があったことが報道されなかったのでしょうか？　この選挙の一つの争点は「戦争法案」の法制化でした。
２０１５年１月　安倍首相がエジプトで「人道支援のために２００億円を拠出する」演説を行う。
現地で配布された演説の英文は「We shall do help to curb the threat of ISIL poses（ＩＳＩＬがもたらす脅威を食い止める）」ために2億ドル拠出。

何故、ＮＨＫも含め援助の目的を人道支援とだけ言い、英文に記載されたようにＩＳに対抗する人々を支援する意味合いを報道しなかったのでしょうか。

２０１５年２月　ジャーナリストの後藤さんがＩＳの犠牲となる。

私を含め、多くの日本人がテロリストや日本（人）に危害を与える外敵を憎んだと思います。

２０１５年５月　いわゆる戦争法案が閣議承認

その後、７月に衆議院通過、９月に参議院通過

政府自民党は選挙公約の大きな柱の一つを達成しました。

この並べ替えから何を感じるかは読者にお任せしますが、報道を点だけで捉えていた場合と比べて、少しでも違う世界が見えてきたらしめたものです。勿論、それが正しいか単なる思い込みかは更なる情報を得て検証する必要があります。俯瞰して物事をみる姿勢が、より真実に近づくために必要となります。

因みに時系列で物事を追っていく方法は事柄だけではなく数字についても効果的です。数字は表にまとめるのではなくグラフ（それもなるべく期間を長くとって）にすると過去からの経緯が良く分かり、もっともらしい嘘を見抜くことに役立つことが少なくありません。

クリティカルシンキングを忘れない

２月初旬のある新聞の第一面に署名入りの特集記事が掲載されていました。その文中に「少子高齢化により世界の経済は停滞しており……」という表現を見つけました。「少子高齢化で経済が停滞しているのは、世界中の国か？」と当然引っかかりました。確かに連日日本の少子高齢化については経済停滞をはじめ各種の弊害をもたらしていると報道されていますが、これは世界中の多くの国に当てはまるのでしょうか。譲ってＯＥＣＤに加盟しているような先進国であればそうかもしれませんが、アジアやアフリカと言った国々が少子高齢化で経済が停滞しているのでしょうか。執筆者には是非彼の国々をご自身の目で見て欲しいと思いました。

この項で話題にしているクリティカルシンキングは何も言葉通りに「批判的な考え方」をしましょう、というのではありません。私は勿論のこと、人には誤りがあるし、その誤りの揚げ足をとっても何ら生産的ではありません。ここで言いたいのは、物事を見るとき考えるとき、文章を読むときなどに本当にこれは正しいか、筋は通っているか、思い込みではないかというように考えることを忘れないようにしましょう、ということです。相手の言うことを鵜呑みにして、自分で考えるということを怠っていると遂には何が正しくて何が誤っているのか分からなくなってしまいます。

多くのビジネススキルと同様にクリティカルシンキング力も訓練すれば必ず上達します。この力が進歩すると、あたかもこれまでは船底にフジツボが沢山ついたままで船を一生懸命走らせようとしていたかのようであったことが実感できるでしょう。そして習得後はエンジンも船体も以前と同じなのに、驚くほど速く走ることができる（頭が回る）ことに自分でも驚くこと請け合いです。こうなれば考えることが楽しくなるので、クリティカルシンキング力はますます高まります。なぜこの力が必要かというと、その装着が世界標準だからです。

色々な場所で書きましたが、日本の教育は与えられた答えを覚え、素早く正確に再生する技術を養うものです。それでは何かを行う時に、従来の方法を思い出して実行することしか叶いません。しかし、現在はどうやるかよりも何をするのかを発見すること、そして新しく発見されたものの遂行方法はおそらく旧来のものではないでしょうから、遂行方法も発見しなくてはなりません。そのためにはこれまで正しいと思われてきたことでさえ疑って、ゼロベースで考えてなくてはなりません。丁度、天動説から地動説への発想の大転換が起こった時と同じです。真実を積み上げていくと、これまでの通説、常識が必ずしも真ではない、ということに気が付くかもしれませんし、真実と思っていたものは実体のない単なる錯覚だったかもしれません。「それでも地球は回る」と既存体制と異なる意見を述べることは勇気が要るどころか、生命の危険さえ引き起こしかねません。何もそこまで危険を冒すことはありませんが、クリティカルシンキングの重要性だけは忘れないでいただきたいと思います。

もう一つクリティカルシンキングの例を挙げてみましょう。

国の財政健全化の一つとして、国会議員の定数減が取りざたされることがあります。年間歳費（報酬）約2200万円、文書通信交通費が毎月100万円、会派に属していれば毎月65万円の立法政務費、そしてこれは議員さんの収入とは言えませんが、秘書雇用手当年間約2500万円。福利厚生で言えば、都心の赤坂に事務所・宿泊所を相場よりかなり安い価格で国から提供されています。このような厚遇の人たちが700人以上もいるのです。なるほど、経費削減の対象に挙げることには頷けます。ところが、当の議員さんたちからはこんな声が上がります。「人口10万人当たりの議員の数は、日本は他のG8諸国に比べても少ないのですよ。」と。

しかし、ここで思考を止めてはいけません。なぜ日本の国会議員の定数を少なくしたいのか、という根本を忘れてはいけません。要は日本の有権者は薄々国会議員さんたちの生産性が低いのではないかと、感じているのです。生産性は出力／入力ですから、成立した法案（国会議員の仕事は法律を作ることなのです！）の数／国会議員の数×議員1人当たりの人件費、で計算できます。

議員さんは国別の議員数の比較は言うけれども、1人当たりの人件費のことについては言及しません。何故でしょうか。それは比較すべき人件費が、例えば米国では年間約1400万円、ドイツでは年間約950万円と、日本に比べてかなり安いからです。つまり、自分たちに有利なデータだけを提示して、議員数の削減への反対意見をあたかも数字を用いて論理的に説明したかのように見せているのです。おまけに国政選挙一回当たり700億円以上の経費（つまり税金）がかかっていることもあまり問題視されていません。人間性が悪くなるかもしれませんが（笑）、相手のいうことを鵜呑みにしないで常に原点に戻って考える癖をつけることが大切です。

尚、地方議員に至っては、諸外国の中には議員さんはボランティアで活動しているところも少なくありません。議会は夕方や休日に行われます。そんなことをしたら、補助として出席している公務員の休みがなくなる、と心配な人もいるかもしれません。では伺います。「（日本の地方議会で）補助として議会に参加する公務員」の役割は何でしょうか？　その役割は本来ならば議員さん自身が担うべきものではないのでしょうか。何もかも混在させて考えてはいけません。

さて、クリティカルシンキングを訓練する場合に役に立つ考え方があります。その一つをMECE（Mutually Exclusive, Collectively Exhaustive）と言います。日本語で言えば「漏れな

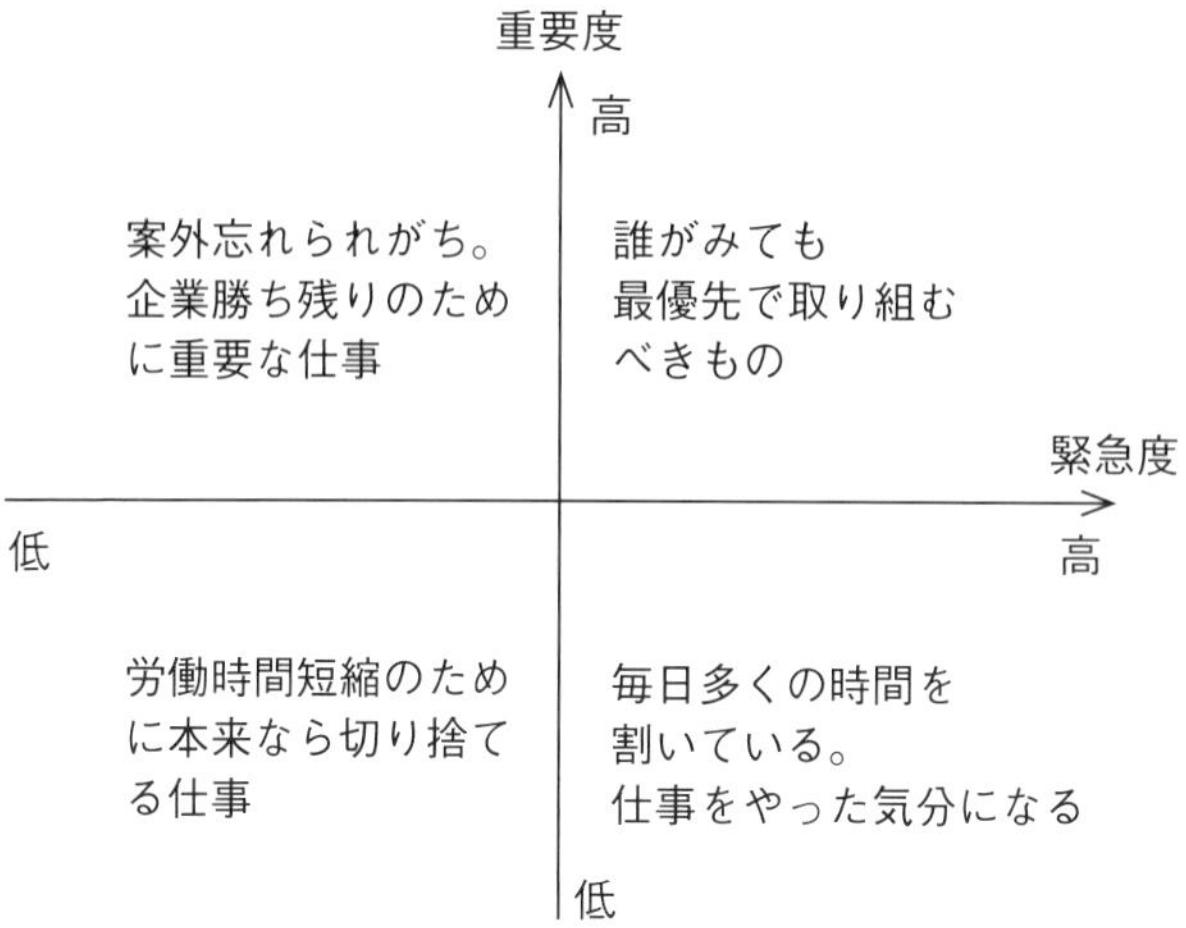

（図６）重要度と緊急度のマトリックス

くだぶりなく」でしょうか。ここでは詳細は省きますが、機会があればバーバラ・ミントさん著の『考える技術・書く技術』を読んでいただきたいと思います。例えばX軸、Y軸のマトリックスで物事を考えることは役に立ちます。よく引き合いに出される例ですが、縦軸に重要度、横軸に緊急度をとって自身の仕事をプロットしてみてください（図６参照）。私たちは案外、急ぎで重要度が低いものに毎日あわただしく取り組んでいることが分かります。そして実は一番大切な、急がないけれども重要度が高いもの、例えば「５年後の世の中を予想し、社内で必要な教育訓練の企画」にはあれこれ理由を付けて着手しないでいることが少なくないのではないでしょうか。その付けが溜りに溜った状態が、今の日本国の現状であり、そこに安住している私たちなのです。

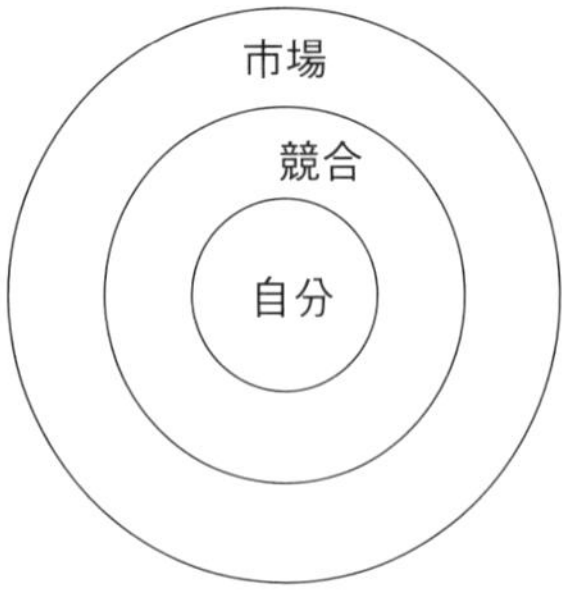
自分の強みを
如何にしてライバルと差別化し、
如何にして労働市場のニーズに
合致させるか考える

（図７）３Ｃで考える

「漏れなくだぶりなく」を実践するための他のツールがフレームワークと呼ばれるものです。もっとも簡単でパワフルなものは３Ｃと呼ばれるものでしょう（図７参照）。自社（Company）、競合（Competitor）、市場（Customer）に分類して競争戦略を練るものですが、自分のキャリアを考える際にも活用できます。この他４Ｐ（Place, Price, Promotion, Products）、５Ｆ、７Ｓなど色々あります。これらを駆使して自分の周囲にある要素をきちんと仕訳することにより、判断をより正しく早く行うことができるようになります。尤も時代の変化に伴いこれらフレームワークも従来ほど万能では無くなりつつあります。それほど世の中が複雑化し、簡単には割り切れなくなっているのです。だからこそ自分の頭で考える、考える癖をつけることがますます重要になります。

「漏れなくだぶりなく」を実行するとともに、相対すべき項目が同じ土俵で比較されているのか（しばしば Apple to

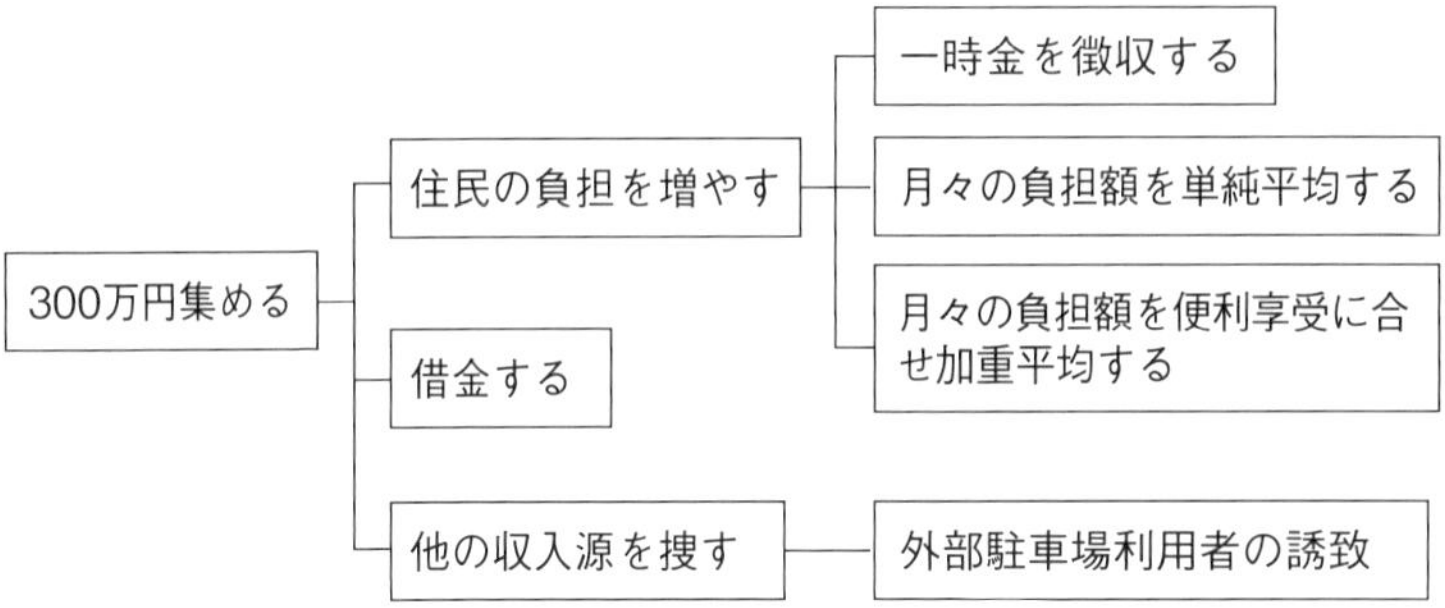

（図８）イシューツリー

Appleで比較しているか、という表現をされます）を考えるツールとしてイシューツリーが使われます（図８参照。ピラミッド構造という表現が使われることもあります）。

先日私が住む集合住宅で管理組合の総会がありました。併設されている機械式立体駐車場の老朽化が予想より激しく緊急に保守が必要であり、これまで積み立てた修理積立金では約３００万円不足するがどうしようか、ということが議題でした。議論が紛糾した頃ある方が「そういえば、駐車場に１台空きがある。我々の駐車場代は周辺より安く、ここに外部から入庫を促せば不足分の穴埋めになる」と発言したことを契機に、話がどうやって外部から使用者を呼び込むかに向きかけました。不足金額を埋めるための一つの方法ではありますが、対比すべきは３００万円と精精１万円です。イシューツリーを使って問題を構造化していけば、大きな話題と小さな話題を混在させて議論することはなくなります。

実はこのようなピント外れは私たちの周りにあふれていま

す。例えば「みんな言っている」という常套句です。「では誰が言っているのか具体的な名前を挙げてください」と言うと、精々3人、或いは相手が回答に窮することもあります。他山の石にしなくてはならないと思います。

メンタルヘルスについて

1997年からつい最近まで国内の年間自殺者数が3万人を超え、その対策が国を挙げての急務になっていました。その効果があってか、ここ数年は自殺者は3万人を切り、逓減傾向にあります。しかしながら、自殺者の陰にはそれに倍する精神疾患（メンタル疾患）に苦しむ方がいることは想像に難くありません。一説によれば、組織構成員の5％はメンタル疾患を発症し、更に20％の人は何らかのメンタル上の苦しみを抱えているといいます。実に構成員の4分の1は何らかの精神的圧迫に悩み苦しんでいることになります。

メンタル不調を起こす原因は、何らかの精神的ショック、例えば離婚、災害に遭う、死別等が最も多いのですが、長時間労働による心身の極度の疲労も見逃すことはできません。だからこそ、現在「働き方改革」で労働時間を削減し、メンタル疾患の発症を少しでも抑えようという動きが重要視されています。ただ、ここで見落としてはいけないのは、心身、特に心の疲労は物理的なストレスだけでなく、寧ろ情緒的なストレス、例えばパワハラ、セクハラにより引き起こされることが多いという事実です。人間は社会的動物であるがゆえに、マズローが言うように、社会的欲求、承認の欲求が極端に制限されると不満足度が高まる、というよりも生存そのものが脅かされるような不安に陥るのだと思います。自己を否定されたり、無視（マザーテレサは愛の反対は無視だと喝破しました）されたりすることが、メンタル不調の大きな原因であることは、実は一般の人々でもよく認識していることと思います。

では、メンタル不調に陥った場合はどうすればよいのでしょうか。当然、専門医の受診が最も必要なことです。しかし、特に企業の第一線で働いている人は、この事実を会社に知られては自分の将来に傷が付く、とひたすら隠し続ける人もいるでしょう。泥沼に入り込んだようで、かといってそこから抜け出す手段が探し出せず、更に混迷を深める人もいるに違いありません。心療内科や精神科を訪問しても、風邪のように数日で回復するものでもないので、そのことを気に病み、かえって症状を悪化させるかもしれません。

実は私も定期的に心療内科を訪れる１人です（特にショックを受けなくても定期的に精神的な好不調の波が来ます。主治医は、このような患者こそ精神科医がもっと研究しなくてはならない対象だ、と言われます）。２０１６年４月に九州地方が大震災に見舞われたときも丁度具合が悪いときでした。その際には「この震災が発生して、多くの方が困っている。何もできない私は全く無責任者だ」と自分を責める時期が続きました。平常心の方が、この気持ちを聞いてもその論理の展開に無理があることは直ぐにお分かりいただけると思いますが、鬱の一端とはこのようなものなのです。

医師でもない只の患者に過ぎない私が口を挟んではいけないのかもしれませんが、メンタル不調に襲われたら、従来の常識とは逆に、なるべく何かと接したらどうでしょうか。「それができないから、病気なのだ」と言われそうですが、家族や友人とゆっくりおだやかに話したり、落ち着いた音楽を聴いたり、静かに絵を見たり、小動物と接するのも良いかもしれません。私の場合は受け身でできることを選んで、ゆっくりやってみることにしています。残念ながらどんなに好きでも能動的に読書はできません。

自分は1人ではないということ、周囲の人も喜んだり悲しんだりするのは自分と同じであると気がつくこと、が「干上がったダム湖に再び水（心にエネルギー）を貯める」ことになるのではないでしょうか。

マネージャーの方には、ご自身の健康管理に加えて、部下の健康状態を見極めるための支援ツールの一つとして「メンタルヘルス検定ラインコース」（大阪商工会議所主催）位は勉強して欲しいと思います。近年、大手広告代理店の新入社員がうつ病を発症し、自殺するという痛ましい事件がありました。当局はすぐさま長時間労働が原因と決め付けましたが、状況を良く調べていくとどうやらパワーハラスメントの被害にあったことの方が大きな原因だったかも知れないという見解も出てきています。この事件がきっかけになって、現在国を挙げての「働き方」改革推進の波が起こっていますが、うつ病の原因を取り違えないためにもマネージャーにはうつ病が起こるメカニズム位は知っておいて欲しいと思うのです。うつ病はストレスによって脳内ホルモンのバランスが崩れて発症します。決して「心のカゼ」なんかではないし、ましてや根性で治るものではありません。一方で（無理にでも）声を出して笑うことでホルモンバランスが正常化に近づくと言う専門家もいます。

働き方改革とは何か

日本人の強みの一つに、組織への従属意識が強く、自分が属する組織への高い忠誠心、それに伴う滅私奉公の精神が挙げられます。この性向を活用し、日本企業は１９６０年代以降急成長を遂げ、日本は今や世界第３位の経済大国になりました。企業で言うならば社員の忠誠精勤を求める代わりに年功序列賃金、終身雇用といった（これに企業内組合を加えて、日本企業の

「三種の神器」と言います）セーフティーネットを用意してきました。しかし1990年代半ばから本格的なグローバリゼーションの波が押し寄せるに伴い、この日本的慣行を継続することが困難になった企業が出現しました。正に江戸時代末期の黒船来航の再来です。ところが何十年も持ちつ持たれつの関係を維持してきた企業と社員は、その相互依存関係から簡単には開放されることができません。制度や仕組み以前に心情として互いに、甘えに似た、頼りあう姿勢が染み込んでしまいました。その姿勢を壊す最初の口火となったのは所謂リストラでしょうか。外国勢企業とのコスト競争力低下を解消する手段の一つとして、余剰人員の雇用を止める企業が出始め、今やリストラをしない企業は株主から冷ややかな取り扱いをされる程です。

社員も生涯を一企業に委ねるという考えの持ち主は、ひと時に比べると大分減ったようですが、しかしなお、多くの日本人社員は、一度入社した企業には長く在籍したいと考える傾向が強いものです。長く勤務したいと考える背景には、好きで入った会社だから継続して貢献したいという気持ちもあるでしょうが、せっかく入った会社だからここでのんびり落ち着いて企業の庇護の下に安心して日々を送りたいという気持ちもあるかもしれません。目立たず、休まず、働かずがサラリーマン人生を大過なく全うする極意といわれたのは遥か昔ですが、それでも少なからぬ社員の心の中には、このフレーズが今も尚息づいているのではないでしょうか。

その表れが、「私は他の人と同じように企業に忠誠を誓っていますし、一生懸命働こうとしています」という姿勢（ポーズ）を雇用主や上司に間断なく見せる、自己保身の行動です。だからダラダラ残業もするし、（反抗的と見られないようにしぶしぶ）サービス残業もします。「上司が帰らないから自分も帰りにくい」という現象はその最たるものだと思います。こういった企業や上司からの呪縛を解くためには、社員一人ひとりが自律するしかありません。そのためには「お前は馘だ」と言われても、「はい、そうですか。お世話になりました」と即答し、涼しい顔をして企業を去ることができるほど、常に実力を磨いておけばよいのです。尤もこの位実力があれば企業も決して手放さないでしょう。

働き方改革のために、単に勤務時間の上限を規定すればよいと考えている人もいるようですが、勤務時間を自分で自主的に決めることができるほど、個々人が実力を付けるほうが現実的だと思います。個人が企業から精神的に独立して、対等の立場で労働条件を決めることが必要です。ただ今問題になっている長時間労働の原因の一つは、社員自身が現在の給与は自分の働きに比べて高く、他の場所では得ることができないと薄々感じているからこそ、夜遅くまで会社に留まることでその高給を肯定化しようとする、非生産的な事情の表れのように思えてなりません。

それほどまでに私を含めた働く人をニヒルに見る必要は無いのかもしれない、という例を私がドイツ滞在中にある方（日本人ではありません）から教えていただいた「宗教観」から示します。私のドイツ事務所には何人かのドイツ人に働いてもらっていました。皆さん真面目にきちんと働いてくれ、流石ドイツの人々、とうれしく思ったものです。が、一つだけ不満に思い、そして何故だか分からない点がありました。それは彼らが終業時刻になると仕事が途中でもさっさと帰宅してしまう点です。私は毎日のように「あの目の前にある書類に回答して、いま日本にファックスしておけば我々が寝ている間に日本の同僚がチェックしてくれる。そうすれば当地の明日の朝から直ぐに顧客と話が始められるのになあ。なぜあと1時間残って終わらせてしまわないのだろう。明日の朝、日本に送ったらこちらに答えが来るのは明後日になるのに……」こんな思いが溜りにたまった時に、偶々現地の日本通の方と出会い私の疑問を投げかけてみたのです。その方の回答がとても腑に落ちて30年近くたった今でもはっきりと覚えています。

「それは、お互いの宗教観に依存しているのだと思います。我々（ドイツ人）はキリスト教を信じています。そこでは神と人間ははっきりと異なったものです。神は全知全能ですが人間は不完全です。一方であなた方（日本人）の根本には儒教（仏教ではなく）の精神が宿っています。そこでは、人間は努力すれば努力するほど神に近づくことができます。寧ろ神になれないのは、その方の努力が足りないせいだとさえ考えます。そのような考え方を基盤にしている人から見ると、私たちドイツ人は少しルーズ或いは詰めが甘いと思われるかもしれませんね。でもその結果はどうですか？　我々ドイツ人もなかなかやるでしょう。」

私は渡航前にある方から頂いた「電通鬼十則　第二条　仕事とは先手先手と働きかけていくことで受け身でやるものではない」の言葉が好きで我武者羅なところがありましたが、そんな私とわが事務所で働いてくれている同僚との仕事の成果にどれほどの差があるのかということを改めて考えざるを得ないひと時でした。

小さい頃から「頑張れ、頑張れ」と言われ続けてきた私たちは「頑張らない」ことは悪いことと思いがちです。では「頑張る」の具体的な中身は何かというと、良く分からない。仕方がないので長時間、或いは体調が悪い中でも、何かを継続するということを「頑張る」と勝手に解釈しているのかもしれません。

加えて長時間労働になってしまう原因の一つに、管理職の概念構成力（コンセプチュアルスキル）の弱さも挙げられます。リーダーが「ああしようか、こうしようか」決断できないばかりにチームメンバーは右往左往、Aプランも B プランも作って臨機応変に対応できるように準備しておかなくてはなりません。最悪なのはリーダーの上司がAにもBにも駄目出しをしたお陰でメンバーは徹夜でCプランを急きょ作成せざるを得ない場合です。最初からCプランを提示できない管理職の責任は極めて大きいと言わざるを得ません。

若手社員の方に一つ助言します。貴方の上司が更にその上司に対して「XXはどうしましょうか」という問いを連発しているようならば、早々に貴方の上司には見切りをつけた方が良いでしょう。彼や彼女の職責は、いくつかのオプションと各々の長所短所（Pros. & Cons.）を提示して判断を仰ぐことです。単に指示を仰ぐだけならば、その人達の存在意義はありません。

一方で、労働時間の上限を決めたいと考えている人たちの中には、それこそ司法に携わる方も含めて、社員が終業時刻以降も会社に居残っているのは上司からの下命があったからに違いない、そもそも人間は労働が嫌いなものであり、下命がなければさっさと退社するはずだ、という考え方をもっている場合が多いようです。しかし自分の意思で（仕事をするかどうかは別にして）会社に終業後いくばくかの間は居残る人はいるだろう、と思います。もし、そうであれば政府の鳴り物入りで進められている「働き方」改革も根本がずれており、働く私たちとしては政府がつくった制度をありがたがるのではなく、自分が成果を上げる方法をどのようにして身につけるのかを自ら考え実践する必要があります。

ファイナンシャル　プランニング

日本の年金制度が果たして今後も機能するのかどうか、多くの国民が気をもんでいます。が、その年金制度の内容をきちんと把握している人は案外少ないのが実情です。精々、老齢年金の受給開始は65歳からで、その金額は毎年誕生日前後に郵送されてくる年金定期便を見れば分かる、程度でしょう。ところが年金には、老齢年金の他に遺族年金や障害年金なども含まれます。遺族年金は年間77万９３００円（年齢制限はありますが、第１子、第２子共に年間22万４３００円の加給あり）、障害年金は障害１級の場合は年間77万９３００円＊１・25（年齢制限はありますが、第１子、第２子共に年間22万４３００円の加給あり）となります。

ところが父親という大黒柱に万一のことがあった場合に備えようと、父親に多額の生命保険をかけている若い世帯は少なくありません。通常の場合、保険会社は遺族年金などの話はせず、「ご主人が無くなったら、その後の生活費でＸＸＸ円は必要だから、このくらいの保障に入っていないと心配ですよ」という勧誘しかしないからです。本来なら、必要見込み金額から遺族年金金額を差し引いた保障額で良いし、その分掛け金も節約できるのです。（現在の年金制度は、男は外で働いてお金を稼いでくる役割、女は家で家事・子育てをする役割を基盤に設計されています。ですから、女性や母親が亡くなった場合には支給されない給付もあります。）

年金の行く先が不安なことは政府も分かっており、最近ＮＩＳＡやＩＤＥＣＯといった優遇税制を伴った資金積立を奨励する制度が相次いで発足しています。銀行・証券会社はこの波に乗って商機を広げようと躍起です。今話題の「ラップ口座」を例にとってみましょう。

証券会社の窓口で若い女性に「この商品は過去10年間で40％上昇しています。」と言われると、思わず購入してしまいそうになります。が、ここで冷静に考えてみましょう。10年で40％ということは、1年で4％（複利計算するので、正確にはもう少し低い利率になります）。ところが問題は、そのコストです。概ね買い付け時に3％＋消費税、年間の信託報酬料が2％前後、加えてほぼ四半期ごとに行われるリバランスにともなう売り買い手数料（これは損金にさえならないし、カウンターの女性社員の中にはこの費用の発生を知らない人もいます。これは私の経験なので間違いありません）が必要経費となります。よく考えてください。1年目は利益4％に対してコストは5％前後＋消費税なのでマイナス、2年目は順調に行って2％前後のプラス、結局10年後の純利益は20％前後となります。

２０１７年10月以降のように相場が活況を呈すればリターンは上がりますが、一方で２００９年のようなリーマンショックに襲われれば大きなマイナスとなります。勿論、年率2％でも確実に利益を得られるならば、昨今の低金利時代には朗報ですが、決して金融機関のパンフレットに大きく朱書きされたリターンが貴方の懐に入ってくることが約束されているわけではないことを覚えておいてください。そして往々にして金融機関の担当者はほぼ1年ごとに「こんな新商品が出ました」と連絡をしてきます。最初の購入手数料3％を稼がなくてはならないからです。この連鎖の餌食になると金融機関は確実に手数料収入を上げることができますが、投資家はかなり高い確率で損を出すことになります。

考えてみれば、これら金融機関で働く人たちも雇用されている以上、自分の評価が上がることを優先しなくてはなりません。投資家から預かった資金をなるべく減らさず、なるべく増やすという受託者責任（フィデューシャリー　デューティー）と会社からの評価を天秤にかけた時に後者が先に立つのは人情というものかもしれません。それを私たち素人投資家が安易に「普通の働く人」の誠意に期待しすぎただけなのかもしれません。

「普通の働く人」が他者のお金を必死で（お金の持ち主のために）増やそうとするでしょうか。必死で増やそうとするかもしれませんが、それは委託者のためではなく、雇用主としての金融機関のため、引いては自分の評価のため、利益（昇給、昇進）のためでしかない、と言っては言い過ぎでしょうか。これは、私たち自身を振り返れば、割合に納得がいくと思います。倉庫業では顧客から預かった品物を保管する場合に、自分の物を保管する以上に各種の配慮をして当該物の棄損や紛失を避けなくてはなりません。善意の管理者義務の履行だけでは許されないのです。それに比べればやはり金融界はこれまで委託者の期待には十分には応えていなかったように思いますし、応えようとする意識が不十分だったと言われても仕方ないでしょう。その分、我々委託者も安易に金融機関の言葉を信じるのではなく、自分で考えてマネープランニングしなくてはなりません。

私が駆け出しの頃、先輩社員から「会社の奴隷にならないために1年分の収入くらいは貯金しておけ。」と言われたことがあります。そのためには一発逆転を狙うよりも毎月1万円でも2万円でも優遇税制の仕組みを使いながら、その時その時のマーケットに惑わされずコツコツ長期に積み立てていくことが結局早道なのでしょう。お金が全てでは無いけれども、やはりある程度の生活の糧が無くては安心してエンプロイアビリティーの養成に励むことは難しいと思うのです。

動機づけについて

モチベーションという言葉は多くの場面で聞くことができます。スポーツでも仕事でも良い結果、成果を上げるためにモチベーションの発揮・維持は欠かせません。1920年代米国でのホーソン工場実験の他、マクレガーのX理論Y理論、ハーズバーグの動機づけ衛生理論、ブルームの期待理論など多くの研究者によって、モチベーションというたった一つの事柄が手を変え品を変え研究され論じられてきました。それほど重要で、奥深くかつ研究対象として魅力的な事柄です。

その中でエドワード・L・デシの内発的動機づけ理論を取りあげてみましょう。デシは「人がそれに従事することにより、自己を有能で自己決定的（自己効力的）であると感知できるような行動」を内発的動機づけによる行動と定義しています。逆に外的な報酬が与えられることで意欲が下がることもデシによる実験によって確認されており、これをアンダーマイニング効果と名付けました。例を挙げます。

ある時、いじめっ子たちが1人の少年をいじめていました。そこを通りかかったある大人が「止めなさい」と窘めたが、いじめっ子たちは止めようとしません。そこで、その大人は一計を案じ「分かった、ではその子をもっといじめなさい。そうしたら2ドルあげよう」と言うと、いじめっ子たちは喜んで再びいじめを始めました。その大人は「明日もこの時間にここにきて、いじめをしたら3ドルあげるよ」と言って別れました。翌日いじめっ子たちはまたいじめを行い、3ドルを得ました。3日目も同じようにして4ドルを得ました。そして4日目。いじめっ子たちは「今日は5ドル」を期待して、いじめを行いました。が、その大人はその日は何もやりませんでした。いじめっ子たちはふてくされ「ああ、つまらない。もういじめなんてしない。」と言って帰って行きました。

いじめという要緊急解決課題なので、実際にはこんなに悠長なことはできませんが、デシの言うアンダーマイニング効果を理解する上では分かりやすい例示だと思います。私は何もここでモチベーション理論の披露をしたい訳ではありません。私たち一人ひとりにも、必ず動機づけされる内的外的要因があるはずです。その動機づけ要因をうまく使うことで、これから始まる自分を変革する旅を継続し続ける可能性が高まると思うのです。継続は力なり、とは分かっていても「三日坊主」という言葉がはびこるように、続けることは本当に難しいことです。だから自分のモチベーションを維持するために、何が有効であるかを自認しておくことが重要なのです。そしてそれを見つけることは、実はそれほど困難なことではないのです。自分の好きなこと、面白いと思うことを紙に書き出してください。それを大切と思う順から並べてみてください。改めて自分という人間の素性を見出した気持ちがするでしょう。そして静かに思い返すと、なぜその順番になったのかの理由が分かる過去の経験や思いが脳裏に浮かんでくることでしょう。

小学校の入学式、初めて跳び箱を飛べた時、運転免許取得のために初めて運転席に座ってイグニッションキーを回してエンジンをかけた時、ドキドキしながらも「自分を褒めてあげたい」と思ったことは誰にもあるはずです。「無い」という人は忘れているだけなので、ご家族や知人に訊いてみてください。そして、「自分はこの部分はできる」という自己効力感を持って、これからの旅を続けていきましょう。その際に注意したいのは先のアンダーマイニング効果です。外的要因も内的要因とうまく組み合わせて使えばよいのですが、外的要因だけに頼り切ると旅はあらぬ方向に行ってしまいます。

フロー体験について

フロー体験、という言葉をご存じでしょうか。心理学者ミハイ・チクセントミハイが同名の著書で詳しく述べていますので、ここでは詳細は割愛します。

スマホでゲームをしていたら時間を忘れて没頭してしまって、気が付いたら夜明けだったというようなことは誰でも少なからず経験しているのではないでしょうか。端的に言えばそれがチクセントミハイが言うフロー体験なのです。あたかも外界から遮断されたように、周囲の物音や話し声も耳に入らず、あることに楽しく集中する状態、そしてそういう状態であれば、先のゲームでも何時になく高得点が期待されるでしょう。或いは高得点だから意識が悦に入って更なるフロー状態をもたらしているのかもしれません。

１９９２年のバルセロナオリンピックでは、日本のある選手が「（メダルは取れなかったけれど）試合を楽しめました」といって顰蹙をかったことがありました。国の税金を使って参加して「楽しむ」とは何事だ、というのが非難の根拠でした。ところが最近のオリンピック選手は「自分の試技を楽しめました」としばしば言います。逆に楽しめる方が良い成績につながっているようです。おそらく彼らもフロー状態に入って試技しているのでしょう。そこには無用の緊張も恐れもないはずです。

何れにせよ、自分の好きな分野、得意と思っている分野でないと中々このような状態に入ることは無いだろうと思いますが、もし意識してこのフロー状態に入ったり出たりすることができたらどうでしょうか。人の生産性は格段に上がることでしょう。ならば、まず私たちがすべきことは、自分の好きな分野、得意な分野を探し当てることです。先の動機づけの項でも書きましたが、好きこそ物の上手なれです。どんなに小さくても良いので、自分の成功体験を記憶から呼び起こし、自分のトレードマークとしてください。自分のブランド化です。そしてその得意分野を掘り下げていくことで、他者との差別化を図りましょう。

エッジを立てるとか尖がった部分を創るということです。得意の領域を選ぶのに、奇をてらう必要はありません。例えば役者の領域を自分のブランドにするのであっても、主役だけが全てではありません。脇役、エキストラ等々、主役を引き立たせる周囲の人々がいるからこその主役です。歌手でも同じです。演歌、ポップス、ロック、民謡、ゴスペル、オペラ等。企業も同じで全部ができる、というのは案外特徴が無くて面白くないし、収益性も悪くなりがちです。

企業でも総合ＸＸＸ企業というのは下火ですし、経営学用語ではコングロマリット・ディスカウント（総合型企業では、かえって無駄が多く競争力が低くなる）といいます。何でもできます、というと色々なところから引き合いがきて一見安心に思えますが、実は競争の中では埋没してしまう危険の方が大きいのです。

自分がどの分野でフロー体験ができるのか、を見出すことこそ究極のゴールかもしれません。しかしフロー体験できないと駄目なのか、と誤解しないでください。正直なところこの状態に入ることは中々難しいと思います。ただフローの状態に入ることができるほど自身の自慢の領域を知ったなら、貴方の人生は大きく拓かれる（いや既に拓かれている）ことでしょう。

自分へ投資することほど確かなことはない

目下、政府は学びなおしに代表される「人づくり改革」にも注力しています。ただその中身には疑問符をつけざるを得ません。まず、政府がいう学びなおしが意味するところは、定年間際、或いは定年を迎えた人が、それ以降の人生を有意義に過ごすためにはどうすればよいかがスタート地点になっています。定年退職者の学びに本当に国が関与すべきでしょうか。

もう一方の人づくりの焦点は教育の無償化です。私は、基礎教育はその後の成長にとって極めて重要であると考えているので、できるだけ多くの子供たちがきちんとした幼児教育を受ける機会を無償で与えられるならば大変良いことだと思っています。（余談ですが「こども保険」を創設して社会全体で子供たちを育成しようという与党内若手議員の活動にも賛同しており、有権者として頼もしい思いで行方を見守っています。）

反面、大学の無償化は、はっきり言って大反対です。これを検討する前に寧ろ高校までを義務教育化し、それまでに「生きる力」を習得させ、あとは自己責任で競争社会を生き抜けと教え諭したほうがはるかに良いと思います。大学卒業の証書を持っていれば、その後の就職にも有利であろうという親と本人の甘い考えと、日本は教育に対する国家支出が他国に比べて少ないという批判に対する官僚の言い訳と、そして最も大きいのは保身的政治家や選挙必勝請負人たちが考えた「シルバー民主主義」への批判の矛先をかわし、かつ18歳前後の若者や親へこびる施策を同時に満足させる画期的な思いつきとしか考えられません。

分数もできない、中学校1年の英語の教科書も読めないままに大学に入学させることが本当に人づくりを推進することなのか、冷静に考えてみれば答えは明らかです。では、「貧困家庭の子供は大学にいく権利がないというのか」という極論が聞こえてきそうです。何故、このような屁理屈、短視眼的な考え方が主として有識者やマスコミといった聡明であろう方々から出されるのか理解に苦しみます。

私は大学に進学したい人は進学すればよいと思います。その機会は全ての人が平等であるべきです。但し、裕福な家庭に生まれ、何ら費用の心配も無く進学できる人と、教育ローンや奨学金を借りながら進学する人がいても仕方ありません。全ての人が全て同じ結果を得ることができるようになどならないのが世間であり人生です（私自身も卒業後10年かけて奨学金を返済しました）。

教育ローンや奨学金を借りた人は、自分に投資をしたわけです。その投資で将来の可能性を広げる挑戦をしたのです。その投資がうまく結実するかどうかは、大部分が本人次第でしょう。市場や参加者の思惑で結果が変わる金融投資に比べれば、遥かに信憑性の高いものです。だが、借りたものは返さなくてはなりません。これは世の中のごく当然のことです。投資が失敗したから借りた金は返さない、という道理が通る世界はありません。或いは投資が成功するかしないか分からないから、投資資金は貸付ではなく無償提供して欲しい、と言っているのが昨今の大学無償化議論です。大学ローンの未返済が累積し始めている米国も問題ですが、借りた金を返さなくても良いことを許容しようとするモラルハザードに気付かない日本人のほうがもっと危険です。

リカレント教育は中高年のためだけのものではない

大手百貨店の三越伊勢丹が48歳以上の社員が早期退職する場合には、最大5000万円もの割り増し退職金を支給することを決定し話題になっています。これほどの大手企業であれば、勤続年数も長い人が多いでしょうし、元来の退職金も数千万円にはなるでしょう。恐らく50歳くらいの方で、多い人は1億円くらいの一時金を手にすることが出来るでしょう。企業が、そこまでして48歳以上の社員に辞めて欲しいのは何故でしょうか。三越伊勢丹に入社できるような方であれば、学生時代の学業成績がある程度良かったか、運動か何か優れた点を持っていた方だと思います。このような方が何故30年経つと辞めて欲しい人物と見なされてしまうのでしょうか。この点について企業も当人もしっかり振り返りをしなくてはならないと思います。本人たちの責任もあるかもしれませんが、企業もそのような中高年社員を作った責任があることを認識すべきです。若者の人数が減ってきて新卒採用も困難になる中で、これらの中高年を再教育して企業に活かしたほうが要員確保的にも金銭的にも企業にとってメリットがあるのではないでしょうか。それとも、それほど中高年はお荷物なのでしょうか。

片や俄かに脚光を浴びているリカレント教育です。前述のような例があるのでリカレント教育は中高年のため、という思い込みを持つ人が少なくありません。しかし、それは違います。定年間際にしか再教育を考えてこなかったからこそ、1億円近くを掛けてでも辞めて欲しい社員にしてしまったのです。それも素材は悪くない人々です。大企業では定期的に数日間の階層研修や目的別研修を行うところがありますが、それらが果たしてきた役割は、今問題になっている変化の激しい世の中に対応するために、根本的に自分の考えや行動を変えるものではなかったのです。

再教育とはこれまでもっていた古い知識を一度アンラーニングして、全く新しい知識を搭載することですし、そのためには数日間で用が足りることはないでしょう。加えて再教育は恐らく今後は10年ごとに実施するくらいの覚悟が必要でしょう。当然若手も教育対象となります。企業が時間と機会を全て与えるような再教育は現実的ではありません。働く人が自身で考え、自身の責任で自分をバージョンアップすることが基本です。企業はそのための支援をするだけです。例えば、社員が新しいことを終業後に学習しようとしたならば、1年とか2年とか一定の期間は残業が無いように業務の割り振りを考えたり、同僚からの協力が得られるような環境にしていくことです。現在は全く逆に、社員が仕事に直接関係無いような学習を始めようとすると、寧ろ上司がその動きを妨害するような雰囲気の企業さえあります。仕事以外のことをするのは忠誠心に欠ける、とかなんとか文句がでることもあります。挙句の果てに50歳になって「辞めてください」と言われては、社員は立つ瀬がありません。

節目節目で自身のキャリアを考える、それを実現するためにどのような新知識新技術が必要かを見抜く（助言をもらう）ことが欠かせません。それ以外のときはHappen Stance Theory（予定された偶然：クルンボルツ教授）の如く、ただ良い習慣を継続して、突然やってくるチャンスの女神の前髪をつかむことです。自身の雇用、キャリア、学び方を各世代が人任せにしないで自律的に考えていく習慣付けがますます重要になっていきます。

最も効果的な投資術

第2次安倍政権が始まってから、2017年末までに株価は3倍高になり、国内総生産も2017年は名目GDPは546兆円となり1995年以来の過去最高値を更新しました。「失われた20年」にやっと終止符が打たれそうでなんとも明るい話題です。

日本の失われた20年の間に、他の主要国の経済はどうであったのでしょうか、やはり失われ続けていたのでしょうか。実際には全くそんなことはありません。確かに、アジア金融危機やリーマンショックなど時々に不況の影響は受けたものの、20年のスパンで見れば他国の経済はきちんと右肩上がりで成長を続けているのです。１９８９年12月の株価３８０００円を最高に、いまだにその金額を更新しきれない日本は世界から見れば「何故？」とビッグクエッションマークがついています。

そうではありますが、現下では株式は活況であり、米国、中国はじめ世界同時好況のお陰で日本の輸出産業もその恩恵に与かり、企業には約４００兆円もの内部留保があるといわれています。このような中で我々庶民が考えることは、「自分も何かに投資し、将来に備えた方がよいのだろうか」でしょう。私の答えは間違いなく「ＹＥＳ」です。但し、投資先は株や債券、金などの商品ではありません。ずばり、これから投資すべき先は「あなた」自身に他なりません。心身の健康維持に一定の時間とお金をかけることは当然ですが、何度も言っているように、この変化の速い世の中で自分自身を陳腐化させないためには、常に新しいスキル、技術、考え方をインプットし、自らを進化させなくてはなりません。逆にきちんと進化しつづけることができたなら、あなたは間違いなくこの競争時代に生き残ることができるでしょう。ダーウィンは「強いものが生き残るのではない、変化に対応できるものが生き残るのだ」と言いました。変化に対応できる自分になるために各種の勉強をしましょう。そのために自分に投資するのです。先端技術、経営学（マーケティングやファイナンスなど）、歴史を学び人物を練ることも価値があるでしょう。ビジネスブレイクスルー（ＢＢＴ）株式会社社長の大前研一先生は、収入の10％は自分に投資せよ、と薦められています。金融商品に投資して一喜一憂するよりも遥かに確実で投資効果は高いと言われます。最近では子供の教育費捻出に苦労する親が多いですが、どうなるか分からない子供に教育投資するくらいならば、自分に投資した方が確実だ、とさえ言われています。実際、私も先生のご助言に従って収入の10％前後を自分の勉強に費やしてきました。大学院、大前研一経営塾、語学、カウンセリング、コーチング等々。確かにこれらは現在の自分のポジションを形作ることに大いに貢献してくれていると言えます。カウンセリングやコーチングも、その技術で収入を得ようとは思っていませんでしたが、最近社内のあるマネージャーから「自分でも不思議なのですが、神﨑さんには、ついつい話してしまうのですよね。言おうと思わないことまで話してしまうのです。それで、そのあと気分もすっきりするし、自分の考えも纏まるのです」と最高にうれしいコメントを頂きました。私自身が自分の存在意義を確認できた瞬間です。

個人事業主になる

サッカーでも野球でもチームワークは大切ですが、それ以前に強いチームのメンバーは一人ひとりが値千金の技量を持っています。そのタレントたちが組織として共通のビジョンを持ち、コミュニケーションをしっかり取り、チームの勝利のために闘うのだから強いに決まっていま す。企業も同じです。企業目標を実現させるためにチームを作っています。だから、チームメンバー一人ひとりが素晴らしい力を発揮できるようになれば、激しい競争を勝ち抜くことができるのです。

「一人ひとりが素晴らしい力を発揮する」とはどういうことでしょうか、或いはそれが実現した状態とはどのような姿なのでしょうか。ひとことで言ってしまえば、一人ひとりが個人事業主となって企業と担当業務の受託契約を結び、自分の責任をきっちりと果たすというイメージでしょう。私は雇用されない生き方がこれから益々増えてくると思います。企業は本当に力のある人だけと契約を結び、個人もやりたい仕事をやりたい時間だけ受託する。そうすることにより、（男女問わず）育児や家事、介護などにもっと時間を割くことができるようになりますし、自分の力をさらに磨くための時間を確保しやすくなります。例えば私のようにしたいことがあれこれ出てくる人には、１年の内で８か月間だけ働いて、残り４か月間は仕事とは別のボランティアや僧侶としての修業に充てることもできるでしょう。

そのような働き方を可能にするためには、まず本人が自身のスキルや経験を買ってくれる企業が出てくるほどに自身の品質を高めなくてはなりません。一時的なブームによる国主体のリカレント教育ではなくて、自分自身で勉強の領域を決め、それを継続していかなくてはならないのです。もしかすると勉強のために外国に行った方が効果的な場合だって出てくるでしょう。正に各人が個人事業主となって、自分の発揮能力を売る時代がもうすぐそこまでやってきています。日本では未だ大きな流れになっていないので目立たないだけかもしれませんが「ノマド」という働き方も若者の間では徐々に浸透し始めていますし、米国などでは雇用されない生き方が市民権を得て久しい状態にあります。実際米国では学業成績の良かった人は大手企業に就職するよりも自分で起業するケースが多いのが実情です。

勿論、自分のホームタウンと思える組織の一員として帰属意識をもって働きたい、と考える人を否定するつもりは全くありません。特に日本人にとって帰属意識はモチベーション要因の一つであるから尚更です。しかし、そうであっても自分を磨き、自分の力をつけることを怠ってはなりません。その領域では、相手が納得する程度に自らの論を展開できる力が必要です。「相手が納得する程度」というところが重要です。「あの人は偉そうなことを言うけれど、全く的が外れている」というような人も世間には少なくありません。自分に委託すると他社（者）に比べて何がどの程度委託者にとって良いのか、という視点で考えることが貴方自身の人生を助けることになるでしょう。

精神論に頼ることは止めよう

日本が先の戦争に負けた大きな理由の一つを、根本的な軍事作戦の拙さに見出すことができます。例えば太平洋戦争における最悪の作戦の一つで、かつ最悪の被害をもたらしたインパール作戦です。軍事作戦の実行も人が中心になりますから、人が生存することを大前提に、相手に対して如何に優位を保つかを考えなくてはなりません。しかし、同作戦では最も大切な兵站、食料のことは考えられていませんでした。厳しい山道を遥か行軍しなくてはならなかったにも拘らず、食料は行く先々での現地調達（つまり途中で征服した村で略奪する）を前提にしていました。仮に調達できそうにないと予想されても、作戦参謀が「調達できるものとする」と仮定し、作戦の立案をつづけたのです。その結果が、何万人もの兵隊が無益な死を迎えねばならない結果となりました。（その作戦構想に関わった1人は、ビルマ戦線作戦立案の中心的な人物で、敗戦後直ちに地下に潜り米国の占領が終わった後に日本に帰り、衆議院議員にまでなっています。同人はノモンハンでも禍根を残しながら何ら咎めを受けていません。このような、特に高位者の責任所在を突き詰めない悪弊が現在の日本にも残っていることは残念です。）

私たち日本人が良く使う句に「頑張ります」があります。確かに頑張らないより頑張る方が一見良いようには思えますが、問題は何をどのように、どの程度頑張るのかという具体的な事柄です。そもそも頑張るのは、何か結果、それもなるべく良い結果を出すことを期してのことでしょう。企業で言うならば業績の向上です。株主に対して「業績の向上のために頑張ります」とだけ言って、はいそうですか、と言ってくれるような鷹揚な株主は今日では皆無でしょう。私たち日本人は「あの人は頑張ったのだから、成果が出なくてもそれを責めては気の毒だ」という情けをかける人の方が良い人だと思う場合が少なからずあります。慈善団体ならばそれで良いかもしれませんが、営利企業でその考え方が蔓延しては、その企業のために働いている人々の給与や報酬さえ支払えなくなってしまいます。

極端なことを言えば、頑張らなくてもよいので、求められる成果を出すためにどのような行動をするのか、そして成否のＫＰＩ（Key Performance Indicator ＝成果指標）は何なのかを明確にして物事に取り組めばよいのです。但し、取り組んだ以上、成果を出すという責任を負わなくてはなりません。決して頑張るという言葉は成果責任から解放される免罪の言葉ではないのです。この言葉に自分を甘やかしているようでは、グローバル化した世界の中でエンプロイアビリティーを養うことは困難でしょう。

子供の頃学校で習った５Ｗ１Ｈ（What, When, Where, Who, Why, How）を使って自分の責任をはっきり示し、ＫＰＩを設定し、目に見える形で自分の成果を対価支払者に見せることができて、初めて合格です。自分の役割は何なのか、その役割をどのように果たしていくのかを明確に示すことができれば、貴方は他社（者）から何らかの仕事を委託される可能性が高くなるでしょう。逆に頑張ります、としか連呼しない人からは徐々に委託者は離れていくでしょう。

本書のいたるところで私は努力が必要とか頑張らなくてはならないという一方で、前述のように（ＫＰＩさえしっかり決めておけば）頑張る必要はないといってみたり、読者の方は「いったい、どっちなんだ」とお怒りになるかも知れません。他者と競争しようとするならばＫＰＩを決めて何を何時までにどのくらい実行するのかを明確にすべきと思います。他方で努力する、頑張るという先にあるものは克己であり、自分を磨くことにつながると考えます。そのレベルは一人ひとり異なるでしょうし、その結果に同一或いは平等を求めるものではないと思います。

リーダーシップについて

私が、１人事務所をドイツに設立したのは32歳の時でした。日本本社では後輩は居たけれども人事評価権を持ったことはなく、いわゆるマネージャーではありませんでした。人やモノ、金のマネジメントを実務を通して、或いは座学でも習ったことはありませんでした。そもそも１９９１年当時にリーダーシップを論じた日本の書籍などもＰＭ理論を除いて殆ど無かったように思います。

しかし、ドイツに赴任すれば、何人かの現地の人を雇い、自分が彼らを差配するということは分かっていたので、自分なりにどうしたら部下となる人たちに自分の意志通りに動いてもらえるかについて随分考えていました。加えて相手は日本人ではないので、どのような考え方をするのかさえも分からず、一層不安が募ったものです。題名は忘れましたが、米国人の大学教授が書いたリーダーシップ論を1冊携えて渡航したことを覚えています。当時の私はリーダーシップという、ある一つの定型のスキルがあると思っており、その型どおりに振る舞えば当たらずとも遠からずのリーダーにはなれると勘違いしていました。

当たり前ですが、リーダーシップに解となるような型はなく、この目に見えない、しかし、組織を統率し引率していく任にある者にとって不可欠のものを習得するには、自身が行動するしかないことが、今さらながらのように分かります。リーダーシップはリーダーの数だけの種類があり、その幾分かは口伝で伝えられても全部を座学で教えることは土台無理なのです。至るところでリーダーシップ研修が開催されていますが、その中心は自ら行動して、その結果を振り返り、差異を検証して、もう一度やってみるというPDCA（Plan Do Check Action）のサイクルを回して上達していくしか方法がないことを教えています。勿論、上司にリーダーシップの達人がいて、その人に薫陶を受ければ自分なりのリーダーシップの型をより早く見つけることができるかもしれませんが、それとて自身の試行錯誤が必要でしょう。立派な研修講師に教わってもやはり同様の過程をスキップすることはできないでしょう。

そもそもリーダーシップと言えば、人々の前に立って後に続く人たちを導いていくイメージが強いのですが、サーバントリーダーシップに代表される、サッカーのゴールキーパー型のものだってあります。ガンガン自分の意見だけを述べて、力ずくでメンバーを引っ張っていくことが果たして可能なのかどうかも考えなくてはなりません。だからリーダーにはコーチングや傾聴のスキルが必要だ、とも言われるのです。

私はリーダーに最も必要なスキルはビジョン構築力だと思います。我々は何をするのか、どんな夢に向かって進むのかを明らかにし、メンバーを鼓舞することができれば組織は結構機能します。コーチングや傾聴はメンバーを鼓舞するための手段の一つです。ビジョンを創るためには考えなくてはなりません。沈思黙考、他者との議論、読書等を通じて考える力を養い、そのうえで現状を変革する方法を四六時中考えるのです。その結果やっとビジョンの芽が出てきます。それをメンバーと分かち合って大事に育てていくことです。

布石を打つ

「犬も歩けば棒に当たる」と言います。逆に行動しなければ、何も起こりません。先に「思うこと」の重要さを書きましたが、それは強烈に思うことで、何もしない自分がいたたまれなくなって体が思わず動いてしまうということです。体が動かないで思うだけでは、その事柄の実現は難しいと言わざるを得ません。

私たちの人生も同じだと思います。「学びて思わざれば則ち罔（くら）し」ではありませんが、やはり学習し、思考し、そして行動に移してみて初めて本当の意味での血肉になる出来事に昇華していきます。例えば、将来はこんな仕事をしたい、と思ったら自分の中にアイデアを貯めておくだけではなく、周囲の人に「自分はこんな仕事をしてみたいと思っています。そのために今こんな準備をしています」と常日頃から話しておくことが、後から考えると随分役に立つことが少なくありません。すぐに何かのご縁ができるとは限りませんが、それこそ忘れた頃にチャンスがやってくるものです。

犬を散歩に連れて行ったときに、彼らはここぞと思ったところにおしっこをして自分の痕跡を残します。それと同様に私たちも自らの未来のために「布石を打つ」ことをコツコツと続ける必要があります。誰かがその布石を見つけて、声をかけてくれることは案外世の中には多いものです。

米国のキャリア理論の大家、スタンフォード大学のＪ・Ｄ・クルンボルツ教授の Happen Stance Theory（「予定された偶然」。元来は Planned Happen Theory と呼ばれていましたが、誰かが先に登録商標にしてしまったそうです。）では、「将来あなたに起こる出来事は偶然のものに思いがちですが、その萌芽は日々のあなたの行動の中に既にあるのです。つまりあなたの日々の良い行動が良い未来を創り、悪い行動が残念な未来をもたらします。」と説いています。それ故に私たちは毎日の暮らしの中に「良い習慣」を取り入れ、実践しなくてはなりません。その良い習慣が貴方の良い未来を創るのです。その良い未来は、いつ来るか分かりません（数年の内など通常は案外早く来ます）。しかし、来ることを信じて日々行動する人が最後には微笑みます。科学方程式で証明できませんが、先人たちの過去からの事象を帰納法的に考察すれば、ほぼ「必ず来る」ということがいえます。

「日々爪を研ぐ」と言い換えても良いでしょう。私事で恐縮ですが、私は病気がちだった20代の時でも、海外赴任したい一心で英語の勉強だけは継続していました。そして周囲の上司や先輩に海外で仕事をしたい、と折に触れて話していました。自分の希望を伝え、その希望実現のためにどのような自助努力をしているのかを折に触れて話しておくことが、貴方の先々の将来

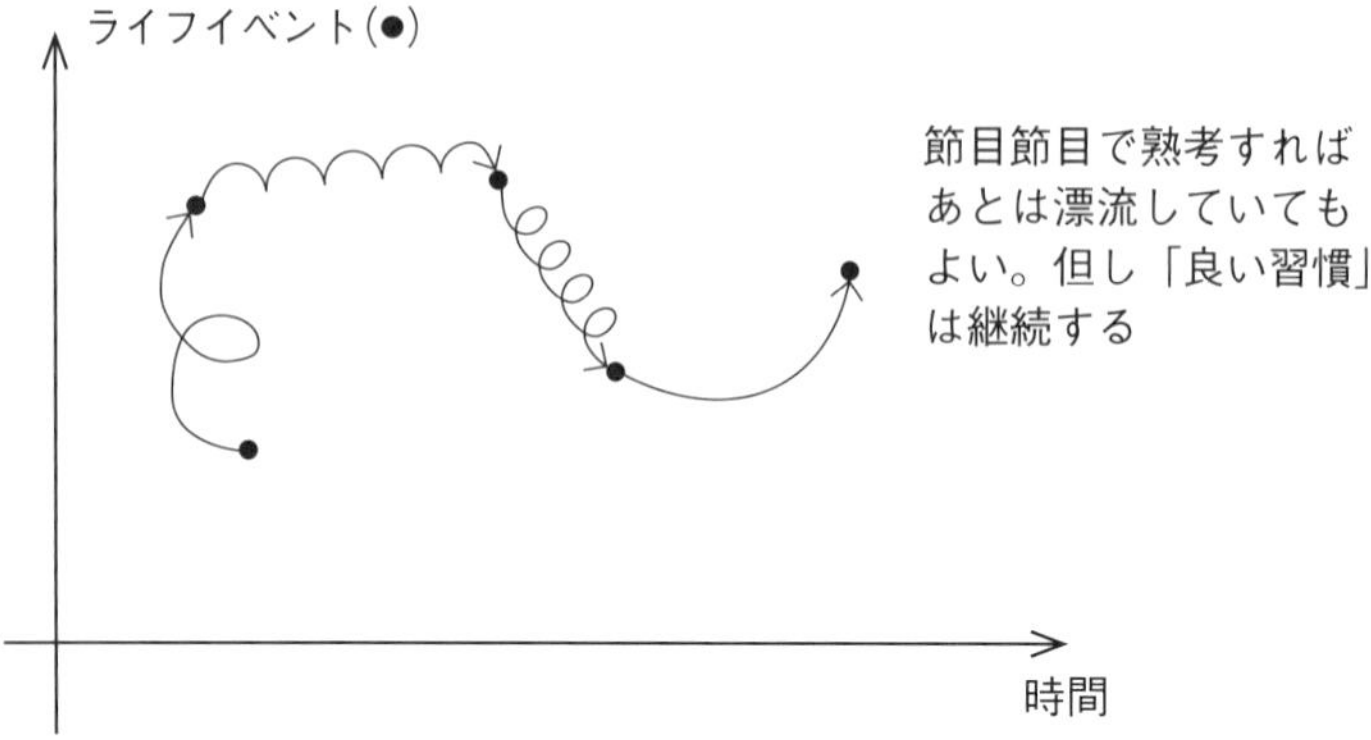

（図9）キャリアの節目考

に良い結果を与えることは可成りの確度で正しいといえます。そのためにも、繰り返しますが「良い習慣」を継続することです。キャリアは四六時中考えるものではなく、何かの節目節目で来し方を振り返り、行く末を見つめることで十分切り拓くことができると思います。が、「良い習慣」は毎日繰り返さないと効果がありません。だからこそ、この法則に気が付かない、或いは気が付いても実践できない少なからぬ人々が人生の終わりに臍を噛むのです（図9参照）。

ライバルは誰か

今や日本に住む外国人労働者は128万人にも達するそうです。日本で働く人の約2％が外国人であることになります。2％といってもピンときませんが、「失業率が2％上昇」となると恐らく時の政府は失業率低下のために大きな政策を矢継ぎ早に実施することを求められるでしょう。それほど無視できない数字です。この１２８万人の他にも恐らく本来は入国管理法で認められていないのですが、コンビニなどで比較的単純な業務に就く人もいるでしょう。実際、コンビニは勿論、レストランやガソリンスタンドなどのサービス業に加え、以前から目立っていた生産ラインでの就業など外国の方の存在なしに日本の産業界は回らなくなっていると言っても過言ではありません。

それに加えて、今日では所謂ホワイトカラーの仕事にも外国人の進出が目立っています。例えばＩＴ企業ではインド人の活躍が早くから注目されていました。何といってもゼロを発見した国の人ですから数学的センスは抜群です。インド工科大学の入学試験の競争率は１５０倍ともいわれます。その難関を突破して必死に勉強した人たちが米国や日本で一旗揚げようとして渡航してくるのですから、その影響は看過できません。また、中国や台湾もさることながら、最近ではベトナムやネパールといった国からも知識労働者として来日する人々が増えてきました。彼らのモチベーションは「今日より明日はきっとよくなる」を基盤にしていますから、非常に熱心にかつ積極的に働きます。賃金は勿論魅力的でしょうが、寧ろ日本でいろいろなノウハウを身に付けて故郷で立身出世を目論んでいる人が多いことも確かでしょう。

但し、私たち日本人としては、彼らのそのような姿勢に感心するだけではいけません。いくら少子高齢化で働く人の数が少なくなるからと言っても、企業は労働力不足をＡＩやロボット、ＩＣＴの活用などで補うでしょうから、余計な人数を抱えてまで操業することはありません。寧ろ生産性の高い人を選抜して雇用し、余計な人件費を抑えていくことが今後ますます主流になるでしょう。と、すれば先に挙げた外国からの来訪者は職業人としての私たちのライバルです。彼らは日本語だってできますし、加えて英語もできます。おまけに母国語も加えると何と３か国語を操り、かつ専門領域のスキル・知識を習得するのです。もし、あなたが企業の経営者ならば、どちらの人を雇いますか。貴方でしょうかそれともトリリンガルの彼らでしょうか。

ここで短絡的に「頭脳外国人労働者の入国を許すな」と考えてはいけません。そのようなことになったら、今貴方を雇用してくれている企業そのものが立ちいかなくなる、それほど世界中の有能な人たちは既に私たちのビジネスに組み込まれているのです。

繰り返しますが最早、私たちのライバルは同期の「山田君」ではありません。どちらが先に課長になるかといった井の中の蛙の理論で競争していては、結局漁夫の利を得るのは外国から来たライバルたちです。彼らのエネルギーは半端ではありません。それに対抗するためには、私たち日本人一人ひとりが継続して実力をつけていくしかありません。労働市場と自分自身をしっかりマーケティングして、如何に自分を売り込むのかの「販売戦略」の立案も不可欠です。

何もこれらを１人で背負う必要はありません。私はこれらの支援面でも大量に育成されているキャリアカウンセラー諸氏に大いに期待しています。

働くイメージは歳とともに変わっていく

例えば22歳で大学を卒業して企業に入社し、65歳で定年退職して、その後は悠々自適の生活を送るという従来のパターンを継続することは今後殆ど不可能になるでしょう。65歳まで一つの会社だけに奉職することは、寧ろ表彰状的な価値を持つようになるかもしれません。その企業が40年以上厳しい競争環境の中を生き延び、かつその企業の中で進化をし続けた人しかできなくなる偉業だからです。

今後は、大学を卒業して直ちに就職しない人も増えるでしょうし、転職は当然、50歳で営利企業は卒業して全く別の道を歩む、或いは起業するということがごく普通のことになるでしょう。これまであった卒業、入社、定年退職といった一律のプロセスが無くなり、キャリアのベクトルは四方八方に飛び広がることになるでしょう。ならば、この万華鏡的なキャリア選択を楽しむくらいの気持ちを持とうではありませんか。

年代別にキャリアの要点を記すと、例えば次のようになります。

(1) 義務教育は18歳高校までとする。その間に、「生きる力」をマスターする。母国の歴史や哲学などの授業に加えて、リーダーシップ、語学、論理的思考法やキャリア意識の醸成に加えて、社会保障の仕組み、税金の仕組みなども含めたファイナンスプランなど、今後1人でも生きていくことができるくらいに実践的な内容を習得する。

(2) 大学に入学するのは「稼ぐ力」を習得するためと割り切る。インターンシップを単位に置き換え可能にし、リベラルアーツを徹底的に学ぶ。卒業後30歳位までは、いくつかの職業を転々として自分の潜在能力を発揮できる職種や分野を探索する。但し、この時に単に漂流するのではなく、どこに行こうかと漫然にでも考えておく。そうでないと、根無し草になって、気が付いたら何ら特徴の無いフリーターになっている危険がある。どこに行こうか、は義務教育期間に考えておく。

(3) 65歳までは、企業人としてフルタイムで働く。雇用されるか委託されるか、何を専門にするかは時々の事情による。但し、パイ型人間を目指して自分磨きを怠ってはならない。

(4) 人によっては、定年後はフルタイム勤務ではなくなるだろう。日本人の場合、金銭的な理由もさることながら、社会とのつながりを継続したいという思いで働きつづける人も少なくない。今後は装着型の介護ロボットなども更に普及するだろうから、例えば老人が介護現場で活躍する可能性も増えてこよう。

(5) 75歳を超えて新たに国が定義した、文字通り高齢者になったら、流石にスピードを少し落とさないといけないだろう。しかし、肉体的には多少の衰えはあってもこれまでのスキルや経験の伝承はできるだろう。〝頑固でない〟高齢者になって、後進の育成に従事しながら少しでも健康寿命を長くする、それが伸び続ける社会保障費削減につながれば、自身の健康が自分だけでなく国に対しての貢献にもつながる。

自由に自分のキャリアを描く

こう言うと、一見これは何物にも縛られず、自由に自分の将来を決めることができるので好ましいことのように思えます。しかし何事にしても自由程大変なことはない、というのも事実でしょう。小学校での作文の時間を思い出してください。先生が「今日はどのような題の作文を書くかは自由です」と言われた時に、却って何を書いたら良いか分からないと困ったことはありませんか。自由には自己責任が付いて回ります。この点を十分に認識して、自由を謳歌できるだけの準備をしておかなくてはなりません。職業について言えば、それが継続的な勉強です。それも国に後押しを期待する他律的なものではなく、自ら行動して行う自律的な勉強でなくてはなりません。厚生労働省管轄でハローワークが「教育訓練費支援」のプログラムを作ってはいますが、支援される対象の教育プログラムが限定されていて決して使い勝手が良いとは言えません。しかし納税者（雇用保険加入者）であれば使用する権利はあるのですから、もし自分に適するものがあるならば大いに使うべきです。

私がまだ30歳になる前の頃、1年先輩の女性社員が「昨日、交流分析の研修に行ってきたの。3万円自腹きったけど、すごく勉強になったわ」と言っていたことを思い出します。私は「3万円も出して、すごいなあ」としか思えなかったのですが、彼女はその後、自身が担当する新入社員研修の一部に交流分析の考え方を取り入れ、従来の研修をバージョンアップすることに成功しました。誰から言われたわけでもないのに、それも自費で社外研修を受けて、その成果を自分の業務に活かし、企業レベルの向上に寄与することが周囲から評価されない訳がありません。彼女は研修費用の3万円をなんとか取り戻そうとして、新入社員研修を改良したのではないでしょうが、結果として3万円を大きく上回る対価を得たことでしょう。金銭的のみならず、新たな挑戦という、企業の中では「できる人」にしか与えられない報酬であり、承認の欲求も満たされたと思います。

たらいに水を入れ、手前に水を掻いていくと一旦水は手元に来ますが、その後たらいの淵を伝って向こうに行ってしまいます。今度は逆に水を向こうに押しやろうとすると、向かいの壁に当たった水は淵を伝って手元に戻ってきます。自分だけのことを考えて、取ろう取ろうとしても逃げていく、逆に「貴方にあげますよ」といって差し出すと自分に返ってくる。人生も同じだと思います。「……をすると（自分にとって）損だから（しない）」と考えて小さな人生にするか、「せっかくこれがあるのだから、自分だけに留めないで、もっと活用できないか」と考えるか、そのような思考方法一つで貴方の人生は変わってきます。「損して得取れ」とか「情けは人の為ならず」という言葉は知っていてもなかなか普段の生活の中で実践できないものです。

残念ながら、巷間ではキャリアというと単に転職して収入を上げることと矮小化されることが少なくありません。私企業の宣伝にまんまと乗せられているわけです。私は、キャリアとは単に職業に関することではなく、人の人生、生き方に関わるテーマだと思います。どのような人生図にするのか、この世から姿を消すときにどんな弔辞を知人に読んでほしいのかを考えて、自身の航海図を完成させていく醍醐味を味わって欲しいと思います。

自分のやりたいことを知っているか

日本人の勤勉さは、まぎれもなくこの国のこれまでの成功を創ってきた要因の一つと思います。これは世界に大いに自慢して良い性向でしょう。昨今の働き方改革で、もしかするとこの勤勉さを少し緩めましょう、という提案が出てくるかもしれませんが、そうであっても我々はこの特性を大切に後世まで引き継いで行きたいと思います。

ところで、日本人の勤勉さを表す小話に次のようなものがあります。ある時、働き者の農夫のそばで、終日寝そべって鼻歌を歌っている男がいました。その男は農夫に「何故、毎日そんなに一生懸命働くのか」と尋ねたところ、農夫は「一生懸命働いて、何れは一日中畑で寝そべって鼻歌を歌って暮らしたいんだ」と応えると、その男は「おれは、一生懸命働かないで、もうすでに毎日そうしている」と応えたといいます。どちらがどう、と言うつもりはありませんが、確かに我々日本人は将来のために現在を少しくらい犠牲にしてもよい、という考えを持つ傾向が強いでしょう。その姿勢を否定するつもりもありませんし、私自身先々のためにと考えて生きてきたことは確かです。が、できれば、今を犠牲にしないで、将来も安心して楽しく暮らせる方法があれば尚良い、と考えてはどうでしょうか。現在と未来は二者択一のものではないという考えがあっても良いのではないでしょうか。今も喜怒哀楽はあれど充実して健康に生き、そして未来も充実して健康に生きるのです。「そんなに全部がうまくいくわけがない」と考えないでください。

上手く行くかどうかは、その人生の主役である自分がコントロールすれば良いのです。米国の大手企業ＧＥの元ＣＥＯジャック・ウェルチ氏は「自分の人生は自分でコントロールしろ。でないと、他人にコントロールされるぞ」と言いました。自らが主役になればよいのです。

今、私は企業人として多くの時間を使っているので、なかなか時間が割けませんが、それでも今後必ずやろう（時間ができたらでなく）と思っていることを書き出してみました。

(1)　自分の年齢と同じだけの国を訪問する（現在45）
(2)　東京オリンピックでボランティア
(3)　国境なき医師団アドミニストレーターとして赴任
(4)　ヘッドハンター（Cloud WorksなどのＩＣＴを使えば簡単に起業できます）
(5)　人事コンサルタント
(6)　僧侶としてもっと精進
(7)　ＮＰＯアジア教育友好協会への更なる関与（ラオス　ビエンカム小学校訪問含む）
(8)　スキューバーダイビング・アドバンス挑戦
(9)　乗馬３級挑戦
(10)　猟銃所有ライセンス取得（クレー射撃用。学科テスト合格済）
(11)　テアトルアカデミー卒業
(12)　ボクシング再開（前庭神経炎のため休止中）

▲大学院時代の仲間とともに（前列左端が筆者）

(13) ゴスペルサークル継続
(14) ドイツ語準1級取得
(15) 執筆（本書）
(16) 豪ゴールドコーストハーフマラソン参加
(17) 駐在したドイツ・ポーランドの嘗て暮らした場所、知人の訪問
(18) 国内のお世話になった方10人を訪問（墓参も含む）
(19) オーケストラの指揮
(20) ＢＢＴ757の継続勉強
(21) 脳の献体（死後福島県立医科大学へ）
(22) ラグビーワールドカップ日本大会ボランティア（応募済）

これらの中には、現在でも少しずつ取り組んでいるものもありますし、今後新しい項目が追加されるかもしれません（おそらく追加され

るでしょう）。若いときにはとても考えられなかったほどやりたいことがどんどん出てきます。これらに挑戦するために今を充実させ、そのチャンスを逃さないように虎視眈々と目を光らせています。

【特別項】挑戦する姿は、言葉にならない程素晴らしい

羽生結弦選手が右足じん帯損傷という大けがを乗り越えて、66年ぶりのオリンピック２連覇という偉業を達成しました。その内容については皆さんもよくご存じでしょうから割愛させていただきますが、私はその瞬間に彼が４年前のソチオリンピックの際に放った言葉「努力は裏切る、でも無駄にはならない」を思い出しました。どんなに努力してもその結果が自身や周囲の思ったようになる場合だけではありません。いや思ったようにならない場合の方が圧倒的に多いのが現実です。

しかし、私たちは羽生選手同様に、実は知っています。その努力は決して無駄にならないことを。それでも、あるいはだからこそ私たちは挑むことに大きな価値を見出すのです。誰に勝つのでもない、自分に克つことの大変さ、困難さを知っているからこそ、選手たちの姿に自分自身の悪戦苦闘を重ね合わせ、彼らの雄姿が自らの背中をもう一度押してくれることに感謝するのです。

第4章

貢献するためにエンプロイアビリティーを身に付ける

日本を強くする

ここまで、少なからぬ日本の働く人が世の中の進歩についていけず、このままでは座して死を待つしかない状況であることを指摘し、その状況を回避するための短期的な手段（採用面接の受け方）とやや長期的な、そして腰を据えて自らの人生を構築する方法を述べてきました。雇用に値する力（エンプロイアビリティー）は、決して採用面接必勝法でもなければ、リストラ対象にならない方法でもありません。確かにエンプロイアビリティーを身に付ければそのような効用は付いてきますが、それは結果論にすぎません。働く人一人ひとりが地力をつけて自律していく、誰の負担にもならず、寧ろ困っている人がいたらその人の分まで重荷を背負って、社会全体が益々幸せになるような働き方ができるようになるための方法なのです。

この場合、社会というのは人間の社会だけではありません。動物も植物も含めた地球全体を指します。いや、他の星をも含めた宇宙全体と言ってもよいかもしれません。しばしば「地球にやさしく」という標語を目にします。これほど人間の傲慢さが表れている言葉を私は他に知りません。さも、人間が動植物や環境を保護する立役者のようですが、地球からすれば大きなお世話です。地球は既に１５０億歳。片や人間はどうですか。アウストラロピテクスでも精々２００～４００万年。人間以外の生き物も自然環境への適応を繰り返し、人間より遥かに長い歴史を刻んでいます。人間が地球や環境に優しくあるべきなのは、そうしないと人間種自身が滅んでしまうからであることを、しっかりと認識しなくてはなりません。

話が大きくなり過ぎましたが、一人ひとりが力をつけ、ただ乗りをしない、汗をかきながら自分自身でお神輿をかつぐというのは、誰のためでもありません。自分と自分の最愛の家族のためなのです。「家族のために失業するわけにはいかないのです」と言う前に、自身のエンプロイアビリティーを向上させるために優先してやることがあるはずです。今日の日本は世にも稀な、結果の平等を求める国です。毎朝満員電車の中で資格取得の勉強をしている人とスマホでゲームをしている人、眠っている人が共に定年まで雇用を保証されなくてはならない社会です。本当にこれが平等と言えるでしょうか。

機会の平等は保証しても良いでしょう。大学に行きたい人向けに、奨学金を貸す制度がもっと沢山できても良いと思います。しかし、その投資が実るか実らないかは、他の誰かが保証するものではありません。大学を卒業しても目指す職業に就けなかったからと言って、奨学金の返済を免れることが常識になった社会の弊害は火を見るよりも明らかです。

こうしてみると、エンプロイアビリティーを身に付け自律した人間になることとは、単に収入の保障がある人になる、というよりも「人間としてあるべき姿」を具現化することのように思えます。地球を永らえ、その結果人間種を永らえ、そのための環境作りに喜々として取り組むことができるような人ではないでしょうか。他者の苦しみを分担して背負い、今はやりの「自分ファースト」に背を向ける気概のある人のように思うのです。世の中は良くしたもので「あなたファースト」の姿勢こそが、自らを助ける状況を創りだしていきます。宇宙船地球号の乗車証はエンプロイアビリティーに他なりません。

キャリアを考えると元気がでる

私が20代の頃病気がちでお先真っ暗だった、という話は前に書きました。人事部預かりのような形で何とか復職した次第です。その際に、当時の人事課長である塩川昌興さんと個人面談をする機会を頂きました。面談の内容は「今後如何にして人事部員としての力を付けていくか」でした。当時は職能資格制度が鳴り物入りで各企業に展開されていた時代です。どの会社にも職務要件書という厚いファイルが何冊もありました。私は人事部員だったので、厚みが7センチもある人事部職務要件書を塩川課長と一緒に見ることになりました。

「中級職1級は、これと、これができること（その時の私の社内等級は中級職1級）」「神ちゃんは、この点は上級職3級の要件ができるようになることを目指しても良いんじゃあないかな」「この項目は上級職2級でできればよいのだけれど、ここは一発背伸びをして今後1年でできるようになろうや。私も応援するから」等々、丁寧に一つひとつの項目について、私が今後人事部員として何をいつまでにどれほどできるようになるべきかの指針を示してくださいました。正直なところ、半分斜めに構えて世間を見、そしてそれ以上に何時また戦線離脱して入院するかもしれない恐怖におびえていた私は、人事部在籍も一時凌ぎのことと考えており、とても先々のことを考える余裕はありませんでした。

しかし、塩川さんとの（たぶん2時間くらい）面談を通して、私は自分の心がワクワクしてくることを抑えることができませんでした。この時の光景、そして気持ちは30年以上経った今日でもはっきり覚えています。人は自分の今後未来に続くキャリアを考えるとワクワクする、そこに少々困難があっても寧ろそれは快い挑戦課題として人を引き付ける。つまり人は、自分のキャリアを考えると大きなモチベーションに包まれるということを、私はこの時初めて実感したのです。まさか人事領域で、その後30年間生活の糧を得るとは全く思っていなかった私の専門領域の一つである組織行動論、その中でも動機づけに関する考察は、正にここから始まりました。人生の大きな節目を塩川さんと病気が与えてくれました。

人が動機づけられ、元気に働くということは、その人の集合体である企業にとっても又とない朗報です。実は私のレスター大学院での修士論文のタイトルを翻訳すると「キャリア開発は如何にして企業組織を活性化するのか」というものでした。現在では企業内キャリアコンサルタントを配置するところも少なくありません。今やキャリアコンサルタントという仕事は、私が資格試験に挑戦した17年前よりも遥かに市民権を得ています。だからこそ私はキャリアコンサルタントの方々に切にお願いしたいのです。プロとしての仕事を全うして日本を、日本企業を、そして日本人を元気にしてください、と。

キャリアコンサルタントという仕事

２００１年、厚生労働省がキャリアコンサルタント5万人計画を発表しました。世の中の変化に伴い、従来の終身雇用制の維持が困難になったこと、そして人々の価値観が多様化してきたことから、従来のような画一的な就職あっせんや職業観では十分ではないと考え、人々のキャリアについて専門的な見地から助言を与える人を大量に育成し、迫るグローバル化の中でも人々が仕事を確保できる環境を整えようとしたものです。

小学校や中学校などの義務教育課程でも総合学習の時間が設けられ、その一部に職業観を養うプログラムが取り入れられたこともあります。自治体がＮＰＯ法人に支援金を出し、大学生や若者への職業教育を委託していたところもあります。今でもキャリアコンサルタントは人気資格の一つで、合格率は約25％と狭き門にも拘らず養成講座は毎回盛況が続いていると聞きます。

２００９年のリーマンショックによる就職難に加えて、少子高齢化が話題に上り始めたことにより、大学や高校が学生集めのアピールポイントとして良好な就職率を誇ることに焦点を当ててきました。それ以前より就職塾なる業態はありましたが、この頃から数が爆発的に増えました。何れも面接の受け方や履歴書の書き方などを指導するもので、それにより就職率が増えた学校や塾には確かに学生集めに一定の効果はあったようです。

しかし、このような対症療法的な対策をキャリア教育と言い、その教育を司る人がキャリアコンサルタントということに私は直ちには肯首しがたいのです。確かにこのような教育或いはプロセスの中には、本人の価値観、特性を踏まえた職業選びを行い、その後企業を選び、そして試験対策を行い、特に就職難の時代にはそれなりに学生や親御さんの期待には応えたのだろうと思います。しかし、この方法を続けていって、就職先にありついた本人たちは幸せなのでしょうか。勿論、長期的な視点で、という意味です。新規学卒者の３割が３年以内にせっかく入った会社を辞める事実から目を逸らしてはいけないと思います。これだけグローバル化が進み、日本人も外国人も国境をまたいで行き来する時代です。日本は特別な国、日本で仕事をするなら外国人であっても日本語ができないとだめ、という言い訳はもはや通じない時代なのです。そのような環境の中で、正確な記憶と正確な再生を中心とした試験により（面談実技もありますが、極めて限られた時間。これも傾向と対策をしっかりやれば大きな関門ではないでしょう）だけでキャリアコンサルタントとなり、例えば右も左も分からない若者を指導するということが本当にできるのでしょうか。

そしてキャリアを考える際には、長期的なビジョン構築のみならず、短期的な「生きるための糧を得る」ということも考えなくてはなりません。私は自分ではキャリアコンサルティングを生業にしようとは思っていませんが、何か助言する機会があった場合にワンストップでキャリアに関する相談を受ける方が相手も便利と思い、専門の労働基準法は勿論のこと民法の債権管理と回収に関する部分を中心に（ビジネス法務実務2級取得済み）知見を持っていますし、ファイナンシャルプランナーの資格も有しています。資格保有が重要なのではなく、どうしたら相談者に人生のビジョンと生きる糧の両輪をバランスよく助言することができるかを考えた結果です。

勿論、尊敬すべきプロフェッショナルなコンサルタントは多数いらっしゃいます。私の知人であるワークスタイルデザイナー悠木そのま（本名：犬塚尚美）氏は、自らを「人材プロデューサー」と位置づけ、2001年に有限会社アリーナアドヴァンス社を設立、キャリアカウンセリングを含むキャリア支援事業を立ち上げました。以来、個人が体の奥底に秘めている本質を引出し、それぞれが自らの才能とこれを花開かせる方法に気付けるようプロデュースし続けています。悠木社長のようなコンサルタントが更に大勢出てくることを期待します。単なる流行でコンサルタントになり、その責務の大きさに気付かぬまま世の中の変化を見過ごし、最新の学論も勉強しない人たちに導かれたクライアントが割を食う、ということは避けなくてはなりません。

何故キャリア教育なのか

キャリア教育の重要性が世間を賑わし始めたのは何時頃からだったでしょうか。私がキャリアコンサルタントの勉強を始めた頃（２００１年）は、キャリアという言葉こそありましたが、そのコンサルタントを育成するという考え方はまだまだ珍しいものでした。おそらく２００９年のリーマンショック以降、昨今のようなキャリアコンサルタント、キャリア教育ブームが勃発したように思います（注：それ以前にも東京大学の玄田有史先生の『仕事のなかの曖昧な不安』等、継続的なキャリア形成の大切さを説いていた書籍はありました。千代田化工建設では人事部主任故吉川修司さんにより１９８５年頃からキャリアディベロップメントプログラム（Career Development　Program）制度が考案・実行されていました）。

では、なぜキャリアを考えることに火が付いたのでしょうか。簡単に言えば、最初は就職難対策だったと思います。加えて大学では、少子高齢化に備えた受験生集めの方策の一つとしてキャリア教育を充実させることに注力を始めたのだと思います。名古屋学院大学商学部の江利川良枝先生は、スイス系の人材サービス企業アデコ社で勤務の後、名古屋女子大学キャリアセンターを経て、現在の仕事に就かれました。心底キャリア教育の重要性を認識され「居ても立ってもいられない」気持ちから、大学でキャリア論の教鞭をとり始めた熱血女子です。授業では出席者によるグループワークを多用し、学生自身が「他者の意見を聴き、考えて発言し行動する」授業を実践されています。毎授業後には、授業で行った内容から学生自身が考えることについて記入するコメントシートを渡します。そこでは、学生に5~10分の間で自分の考えを150字程度の記述にまとめることを求めています。短時間で自分の意見をまとめるとなると書く方も大変ですが、その週に行った授業の受講学生約700名分の手書きの内容を読み、一つひとつコメントを入れる江利川先生には頭が下がります。それでも江利川先生は「学生のコメントには毎回発見があるから興味深い」とも言われ、ご苦労を全く感じさせません。

但し、こんなスーパーな先生は稀で、キャリア概論の授業ならばクルンボルツがどうした、ホランドの何とか理論はこうだ、といったことだけを10年ひと昔のように唱えて終わる先生たちも実際に存在します。そもそも企業で働いたことがない人たちが、企業で働く人々（或いはその予備軍）の動機づけをできるでしょうか。

キャリアを考えることは重要です。就職のためだけではなく、また自身のやりたいことや適職をみつけるといった綺麗ごとだけでもありません。「生きる」ことを真剣に考えるために必要なのです。旧札幌農学校で教鞭をとったクラーク博士は「少年よ、大志を抱け」の前に「名声のためでもなければ、金のためでもない、ましてやわがままのためでもない。人間としてあるべき姿になるために成すべきこと全てに対して」（not for fame, not for money, even not for selfish. Boys be ambitious, for everything what makes man ought to be）という言葉を残して帰国されました。自分が生まれてきた理由、存在する意義、天から与えられた使命、これらをしっかり肝に銘じて生きていくための土台をつくることがキャリア教育の根本だと思います。

途中で心が折れそうになったら「自分の価値観を見つめなおしましょう」といった言葉でお茶を濁すのは止めましょう。心底疲れたら、私が支援しているラオス・ビエンカム村（電気も水道もありません。壁は隙間だらけの高床式木造の家で大家族が肩を寄せ合って、しかしお互いをいたわりながら仲良く楽しく暮らしています）のような異世界に２週間ほど滞在してボケーッとしてみるのはどうでしょうか。子供たちの目の輝きを見ているだけでも力を与えられますし、とにかく彼の地に行くと「わたくしも何かの役に立ちたい」というエネルギーが必ず湧いてきます。人としてどのように「自然に」世間の役に立っていくのか、という思いを膨らませていくことこそ、キャリア教育の神髄と思うのです。どんな仕事かはそのあとに自然についてくるでしょう。

キャリア開発とエンプロイアビリティー

キャリアの本来の意味は、轍（わだち）です。馬車の車輪が通った跡が路上に重なってできる、並行した2本線のことです。その馬車がどこから来たのか、その軌跡を追うことができます。キャリアを考えるということは、自分はどこから来た何者で、どこへ行こうとしている挑戦者なのかを探ることだと思います。言わば自分が生まれた理由、生きている価値、そして死に際して何を思うのかに考えを馳せ、どのように生きたら自分が納得のいく状況に身を置くことができるのかを考え続ける長い旅のようなものでしょう。人類として普遍的な点もあるでしょうし、時代とともに変化していく部分もあります。私が考えるキャリアとは、一般に考えられているものよりもっと根源的な人間の生き方、存在意義（レゾンデートル）を追求していくことで、単に職業の選択をすることではありません。

ドイツ語で ziehen（ツィーエン）というと「引っ張る」という意味ですが、その語源は「中にあるものを引っ張り出す」ということで「育てる」（erziehen）という言葉にもつながっています。人間の中にある、本人も気が付いていない価値観や使命感を引っ張り出し、その人に生きる意味を認識させ、その意味を具現化するために学び続ける私たち人間の本質を突いた良い言葉です。私が本書で言いたいことは、何も哲学的なことではなく、人生１００年時代をきっちり生きて、付加価値を世の中に還元できる人物であり続けるにはどうしたらよいのか、ということです。そのために愚見を皆さんに披露し、皆さんと一緒に考えていきたいということです。

働くということは、企業内のみならず、家事も、１人で行う自営業もその範疇に含まれます。あなたの働きに対して、周囲から「あなたがその仕事をすることに価値を認めるので、その対価を支払いましょう」と継続して言ってもらえるために、働く人は価値を産み続けなくてはならないし、その価値を産むためにはどのような準備対策をしておくべきなのか、ということが本書でいうエンプロイアビリティーなのです。従いキャリアを考えることに比べるとノウハウ的であることは認めざるを得ません。但し、エンプロイアビリティーを身に付けることでさえ、１年や２年で完了するものではないことも確かです。

キャリア開発やキャリア教育に携わっている方にお願いしたいのは、ご自身の仕事が単なる職業アドバイザー、就職支援業にならないこと、そして人間の根源を突き詰める仕事であることを自覚して欲しいということです。人材紹介業でも多くの若手キャリアコンサルタントが働いています。彼らの多くが仕事と人材のマッチングを生業としていますが、そのようなことは何れＡＩが普及すれば完全に取って代わるでしょう。人生経験の限られた彼らに全部を要求することは酷かもしれませんが、何故自分が社内の研修の中で「傾聴が大切」とか「承認が大切」と教わるのかを考えて欲しいとも思います。単にマッチングをするだけならば、そんな面倒くさいコミュニケーションは不要なはずです。彼らに期待されていることは、人の奥底に潜むモノを引き出す（ziehen）ことなのです。

キーワードはプロデュース

私の知人に加藤慎康さんという若者（16～17年前に出会ったときは20代前半でしたから、もう若者ではないですが）がいます。彼は東京の私立大学を卒業し、地元愛知県で大手メーカーに勤務していましたが、出会った当時そのメーカーを退職し、地域振興と地域の人々を元気にする手助けをしたいと考えていました。今でいう地方創生です。せっかく好きで入った企業（それも社内評価はトップクラス）を辞めても良いのかと随分迷っていました。私は辞めることに反対でした。一流企業を辞めるのは惜しいし、そもそも彼が考えているようなサービスで生活が成り立つだけの収入が見込めるのか訝しく思ったからです。時を経て、彼は現在中部地方を中心に地域おこし、人材おこし「プロデューサー」として忙しい毎日を送っています。フェイスブックで彼の活躍を毎日見ることが私の楽しみの一つになっている程です。ここに至るまでに、彼は自身でNPO法人「大ナゴヤ大学」を設立し、地域おこしのための理論や実践を学ぶために働きながら学校にも通ったようです。現在「大ナゴヤ大学」は若者から40代の男女を中心に、参加登録者が４０００名を超える街づくり支援のNPO法人に成長しています。他者には儚いように見える夢を、彼は「思う」ところから始め、必要な準備をした上で、果敢にその環境に飛び込んで今を掴みました。

先に紹介したアリーナアドヴァンス社の悠木社長、加藤君共に、期せずして自身を「プロデューサー」と位置付けています。元ボストンコンサルティング社社長で現在はドリームインキュベーター社社長、堀紘一氏は、同社の使命を「新しい産業をプロデュースすること」と言われます。私には、ここにAI時代の新しい仕事の考え方が含まれているように思えてなりません。

AIは過去に蓄えた膨大なデータを解析して、今この時点での打ち手を示してくれます。それは過去の延長線上にあるもので、残念ながら独創的なものではありません。一方で人間は勘やひらめきによって、突然変異のような物や考えを思いつくことができます。加えて豊かな感情を表すことで、他者に思わぬ感動を与えることもできます。別な言い方をすれば、ＡＩやロボットはそこにある物の形を変えることができても、ゼロから何かを生み出すことはできないのです。

「無から有を生み出すことができるのは、人間とその強力な思いだけです。強く念じることにより、空間中のアノマリーが凝縮して、凝縮して、それこそ気が遠くなるほどの凝縮を繰り返して、それが突然変異して形あるものになるのです。何もなかったところから『何か』を生み出すことができるのは人間だけなのです」（ＮＲ株式会社共同経営者　ココイキプランナー渡部瞳さん）。

これこそ正にプロデューサーの仕事であり、人間が引き続き担うべき重要な役割かつ人間しかできない仕事だと思います。つまり企業にあっては社員をマネジメントしつつ、彼らのモチベーションを最大に引出すこと、おもてなし（私は日本のそれは、ちょっと行き過ぎている部分もあると思いますが）に代表されるホスピタリティーの発揮など、まだまだ我々人間が創りだして（Produce）いかなくてはならない分野は多いと感じています。マネージャーならば部下の心をマネージし、彼らのパフォーマンスを最大限にすることができる人は、どこでも引く手あまたでしょう。悠木社長にしても加藤君にしても、彼らは単に知識や助言を人々に与えているだけではありません。自分と対面している人の心や感情の動きも感じながら、その人々が持っているものを最も表に出しやすい環境を創りだし、かつその人々に自分の人生を力一杯生き切る動機を与えているのだと思います。

キャリア開発に関わる人々への期待

自分１人でキャリア開発を考え実践できる人は問題ありませんが、残念ながらそのような人は一握りです。しかし、１人でキャリアを考えることができないからと言って、そのまま放置しておけばよいという時代でもありません。やはり、人々にキャリア開発の支援を行うプロフェッショナルが必要です。その意味では２００１年という早期に国がキャリアコンサルタントを大量に育成しようというプロジェクトを立ち上げたことは評価すべきです。

本年からはキャリアコンサルタントも国家資格として認定され、その責任の重さと期待に益々光が当たっています。難関を突破して資格取得した方には、この国の行方がかかっている重要な仕事であることを再認識していただきたいと思います。

さて、キャリアコンサルタント５万人育成計画が新聞紙上で報道された頃（２００１年）から私は「ライバルはグローバルに存在する」、だからしっかり自分をマーケティングして実力をつけないと、例え就きたい仕事があってもライバルに先を越されるかもしれない、と警鐘を鳴らしてきました。（キャリアコンサルタントは職業のことだけを考える人ではありませんが、職業は人生の中で大きな部分を占めるので、ここでは職業に特化します）それは、私が長年の海外生活を通して実感した外国人と日本人の考え方の違いに端を発するのですが、その後日本にあるドイツ系企業、米国系企業、中国系企業を渡り歩き、その経験の中で接することができた各国の人々の考え方や行動様式からも、やはりライバルは世界中にいると確信するに至ったのです。

そうであるからこそ、私はキャリアコンサルタントの方にお願いしたいのです。世の中の速い動きに沿う思考方法と、日本文化の良いところを忘れない考え方を止揚（Aufheben）して、クライアントに助言いただくことです。単に適職を見つけることにとどまらず、クライアントが自身の人生を航海する指針を何か掴めるようなコンサルティングをしてください。そのためには、コンサルタントご自身が自身の殻を破り、挑戦していく姿勢を保つ必要があるでしょう。それは決して簡単なことではありませんが、それでも人ひとりの人生がかかっていると考えれば、周囲がそのような期待を寄せる理由も分かっていただけると思います。

格差が拡大しているといわれる日本ですが、それでも国内では餓死する人も殆どいなく、戦争で亡くなる人もおらず極めて恵まれています。この「適温」環境が却って何故働くのか、働くとは何なのかを考えることを遺棄した日本人を作ってしまったように思うのです。

このままでは、日本と日本人は少子高齢化の波があろうとなかろうと他の国の人々に席捲されてしまう危機感を持つのは私だけでしょうか。全国のキャリアコンサルタントの方々には重要な職業に全力を尽くしていただきたいと心からお願いし、期待する次第です。

私自身は私の周囲の、特に若い方々に彼ら自身の人生を考える契機を、国の規制や日本の常識に縛られずに、継続して与えていこうと思います。

終わりに

これまで30年近く企業の人事領域に携わって、折々に感じていたことを文字にしてみようと思いましたが、いざ書き始めるとなかなか考えが纏まらなかったり、ひとりよがりな思いで赤面したりと、当初の思いほどに文字化できたかどうか極めてこころもとない限りです。書いた本人がそのような体たらくであるにも拘らず、最後まで読了してくださった皆様には心から感謝申し上げます。

大学を卒業して企業に入り、希望通り海外営業部に配属されたのもつかの間、病気に見舞われ「辛気臭い」と毛嫌いしていた人事部に預けられた日々。世の中や会社を斜めにしか見ていなかった自分を、静かにかつ温かく見守ってくださった多くの上司や諸先輩方、そして1982年同期入社の112名の仲間たち。これらの人々無くして決して今の自分は存在しないと強く思います。

私自身の短慮のために私から2度も退職願を受け取る格好になった千代田化工建設元理事の蓮見昭夫さん、「あいつは、健康がなあ……」と心配しながらも、私をドイツに赴任させてくださった千代田化工建設元常務取締役松島稔さん、そのドイツ、並びにポーランド赴任中に体を張って本社の横暴（？）から私を守ってくださったＡＥＳ株式会社代表取締役社長玉置知久さん、数え挙げれば切りがありません。

私のキャリアチェンジに最も影響を与えてくださったのはAudi Japan株式会社元代表取締役社長で現在は米国General Motorsキャデラック部門社長のヨハン・ダ・ネイスンさんでしょう。経営戦略やマーケティングのセンスを養うことを一から叩き込んでくださいました。

萬有製薬（現ＭＳＤ）株式会社の元常務取締役人財開発室長の故後藤泰則さんには仕事には厳しく、人には慈愛を持って接することの大切さを教えていただきました。同社の元執行役員副社長矢野光夫さんには、四六時中付きまとって「やんちゃな経営者こそ社員を元気にする」法則を発見させていただきました。

そして現在の勤務先であるウルトジャパン株式会社の前社長マイケル・ロフラードさん。当時既に56歳になっており、加えて9社も経験している、ましてや50歳を過ぎてからは平均勤続年数が各社1年づつの老体を、私ならば絶対に採用しませんが、マイケルさんは人材エージェントに安くない報酬を支払ってまで、私を採用してくださいました。お陰さまで現在は既に勤続満3年に近づいています。目白押しの経営課題をどんどん解決してゆき、既存社員のこれまでの頑張りに十分応えることができるようにし、更に今後当社に入社してくださる方が、ご家族共々良い会社に入ったと喜んでくれるような会社にすることがご恩返しと思っています。

本書の原稿を書き終えたその翌日、私が勤務するウルトジャパン（ＷＪ）社はドイツ本社の代表取締役一行とのビジネスレビューミーティングを開催しました。私を含むＷＪの経営チーム６人と本社役員２名の小さな会議でしたが、その冒頭に行われた本社代表取締役のスピーチに私は感動を禁じ得ませんでした。

曰く「企業として顧客に責任を果たすことは当然ながら、私たちは社員とその家族の生活維持に責任を持たなくてはなりません。そして税金をしっかり払って国や地域に貢献しなくてはなりません。そして出来れば株主と企業内部留保に幾分かのお金が残れば、それに越したことはありません。私たちのファミリービジネス（ウルト社はウルトファミリーが大株主の未上場企業です）が目指す企業の社会的責任（Social Corporate Responsibility）とは、このようなものなのです」と。このような信念を持つトップマネジメントが率いるグローバル企業グループで働くことができることに大きな誇りを感じるとともに、一人ひとりが雇用に値する力を身に付け貢献する、人としての社会的責任（Human Social Responsibility ＝即興で思いついた言葉です）を全うするようにならなくてはならないと痛感したのです。

私自身を振り返って、今日まで曲がりなりにも企業人として存在できたのは、これまで節目節目で貴重な無言有言の助言をしてくださった方々がいたからに他なりません。そのような方々の後押しが私を動機づけ、紆余曲折を経ながらも私をして本日ここに至らしめてくださったのだと思います。２００1年頃に「Pay Forward」という映画を見たことを思い出します。自分が誰かから何かをしてもらったら、その分を誰か他の人に恩返しをする映画でした。正に私も遅まきながらPay Forwardしなくてならないと思います。先達にお返ししようとすると「ふざけるな」とお叱りを受けること必定なので、後進に返すしかありません。私も残された時間を使い、思いっきり後進を育て、彼らが十分なエンプロイアビリティーを有すると共に、世の中の変革の旗士となってくれたらと強く思います。そしてもし「お礼を」と言ってくれる人がいたら「ふざけるな」と言い返せるようでありたいと思うのです。

スキー女子ジャンプの高梨沙羅さんが今回の冬季オリンピックで銅メダルを獲得しました。前回のオリンピックは期待されながら4位。それからの4年間に、周囲から感じる異常なまでの期待に押しつぶされそうになったことが何度あったでしょうか。それに耐え、成長著しい欧州の二選手との戦いに臨んだ彼女の勇気には感嘆せざるを得ません。そして2本目のジャンプで着地した直後に、高梨さんが見せた笑顔とガッツポーズ。普段あまり感情を外に出さない彼女だからこそ、私を含めて見ていた人々は順位なんてどうでも良い、高梨さんが満足のいくジャンプが出来たことを彼女自身が喜ぶことができて本当に良かった、と思ったのではないでしょうか。彼女の笑顔の陰にどれほどの努力と試行錯誤があったかは、日々を真摯に生きておられる方にならば想像に難くないでしょう。

本書により、自分を、会社を、日本を、世界を自分の貢献で変えていきたいと思う人が1人でも多く産まれることを念じて止みません。本書を書くにあたって参考にした文献も記載しました。正直なところ、とても全ては書ききれません。ここにお名前の挙がっていない方々の著書も私の人生行路を描くうえで大変参考になりました。改めてお礼申し上げます。どんなにインターネットが発達しても、先達の著してくださった書物は私にとってかけがえのない先生です。株式会社風詠社の大杉剛代表並びに編集スタッフの皆様にも心よりお礼申し上げます。初めての経験であることを差し引いても、注意力散漫な私の原稿を根気良く纏めあげて下さいました。

筆を置くにあたり、妻と2人の息子に改めて感謝します。ドイツ赴任を相談無く決めたり、紛争地帯のコソボにボランティアとして赴くために一部上場企業の秘書室長のポジションを一夜にして捨てたり、現在勤務している会社の名前を覚える前に次の会社に代わってしまうような私に愛想もつかさずよくぞここまで付いてきてくれたと思います。

禊（みそぎ）はここまでにして、皆さんと共に私もエンプロイアビリティー探索の旅に引き続き挑戦していきたいと考えています。

完

〈参考文献〉

第1章
日経ビジネス編集部『会社の寿命：盛者必衰の理』（1984　Nikkei neo books）
リンダ・グラットン、アンドリュー・スコット著『LIFE SHIFT：100年時代の人生戦略』（2016　東洋経済新報社）

第2章
井上智洋『人工知能と経済の未来　2030年雇用大崩壊』（2016　文春新書）
厚生労働省　エンプロイアビリティの判断基準等に関する調査研究報告書概要（2001）
エド・マイケルズ、ヘレン・ハンドフィールドージョーンズ、ベス・アクセルロッド著『ウォー・フォー・タレント：マッキンゼー式人材獲得・育成競争』（2002　翔泳社）
ラム・チャラン『CEOを育てる　常勝企業の経営者選抜育成プログラム』（2009　ダイヤモンド社）

第3章
A・H・マズロー『完全なる経営』（2001　日本経済新聞社）
イアン・カーショー『ヒトラー』上・下（2016　白水社）
稲盛和夫『働き方―「なぜ働くのか」「いかに働くのか」』（2009　三笠書房）

後 正武『経営参謀が明かす論理思考と発想の技術』（1998　プレジデント社）
大前研一『やりたいことは全部やれ！』（2005　講談社文庫）
大前研一『質問する力』（2003　文藝春秋社）
大前研一『ザ・プロフェッショナル』（2005　ダイヤモンド社）
大前研一『デジタルネイティブ人材の育て方』（2017　プレジデント社）
大前研一『個人が企業を強くする―エクセレント・パーソンになるための働き方』（2018　小学館）
各務晶久『人材採用・人事評価の教科書』（2018　同友館）
金子大栄『歎異抄』（2014　岩波書店）
神渡良平『宇宙の響き：中村天風の世界』（2011　致知出版社）
楠木 新『定年後：50歳からの生き方、終わり方』（2017　中央公論新社）
玄田有史『仕事のなかの曖昧な不安―揺れる若年の現在』（2005　中央文庫）
J・D・クランボルツ、A・S・レヴィン著『その幸運は偶然ではないんです！』（2005　ダイヤモンド社）
ジョージ・リッツア『マクドナルド化する社会』（1999　早稲田大学出版部）
辻 政信『潜行三千里 増補版』（2010　毎日ワンズ）
中村天風『運命を拓く：天風瞑想録』（1998　講談社文庫）
日経ビジネス「出世するか高給マックを目指すか」（2018年2月19日　No.1929）
野田智義、金井壽宏著『リーダーシップの旅：見えないものを見る』（2007　光文社新書）
長谷川毅『暗闘：スターリン、トルーマンと日本降伏』（2006　中央公論新社）

バーバラ・ミント『考える技術・書く技術：問題解決力を伸ばすピラミッド原則』（1999　ダイヤモンド社）
原田伊織『三流の維新一流の江戸：「官賊」薩長も知らなかった驚きの「江戸システム」』（2016　ダイヤモンド社）
藤沢烈『人生100年時代の国家戦略：小泉小委員会の500日』（2017　東洋経済新報社）
ミハイ・チクセントミハイ『フロー体験　喜びの現象学』（1996　世界思想社）
森信三『修身教授録』（1994　致知出版社）
安岡正篤『青年の大成』（2011　致知出版社）
ロバート・K・グリーンリーフ『サーバントリーダーシップ』（2008　英治出版）
渡辺京二『逝きし世の面影』（2005　平凡社ライブラリー）

第4章

エドガー・H・シャイン『キャリア・アンカー―自分のほんとうの価値を発見しよう』（2003　白桃書房）
高橋俊介『キャリア論』（2003　東洋経済新報社）
ノ・ジェス『宇宙一美しい奇跡の数式』（2016　きこ書房）
悠木そのま『みんなのキャリアデザイン―なりたい自分になるために』（2004　文芸社）

神崎　敏彦（かんざき・としひこ）

1959年岡山県生まれ。ウルトジャパン株式会社人事総務部長。

岡山朝日高校を経て1982年上智大学経済学部卒業。同年千代田化工建設株式会社入社、海外営業部、人事部を経て1992年千代田ドイツ社を設立し支配人に、1997年千代田ポーランドを設立しGMに就任。1999年帰任し秘書室長を務めた後、2000年フォルクスワーゲン日本法人人事部長、MSD（旧萬有製薬）株式会社・生産本部HRBP、Recruiting, Talent Management & Learning Director。その後内外資企業の人事部長／Directorを歴任し現職。

1999年NPO法人インターンとしてコソボ難民支援参加。2004年英国国立レスター大学大学院経営学修士了。2012年ラオス・ビエンカム村に小学校建設。2015年浄土真宗大谷派僧侶として得度。キャリアデベロップメントアドバイザー、産業カウンセラー、認定コーチの各試験に合格。

趣味は乗馬、スキューバーダイビング、シンフォニーを聴くこと。福島県立医大・ブレインバンクに脳ドナーとして登録。これまでに訪問した国と地域は40以上。生まれ故郷の岡山県和気町は奈良時代の能吏・和気清麻呂生誕の地であり、和気藤公園は150本以上の藤を集める全国きっての藤の名所。

エンプロイアビリティー
―人生100年時代の雇用に値する力の身に付け方―

2018年7月22日　第1刷発行

著　者　神崎敏彦
発行人　大杉　剛
発行所　株式会社 風詠社
〒553-0001　大阪市福島区海老江5-2-2
大拓ビル5 - 7階
TEL 06（6136）8657　http://fueisha.com/
発売元　株式会社 星雲社
〒112-0005 東京都文京区水道1-3-30
TEL 03（3868）3275
装幀　2DAY
印刷・製本　シナノ印刷株式会社

ISBN978-4-434-24790-3 C0036